CLAIRE MASSIEU | MONIKA PETER

# TASCHEN NÄHEN

LIEBLINGSSTÜCKE FÜR JEDE GELEGENHEIT

# DIE GU-QUALITÄTS-GARANTIE

Wir möchten Ihnen mit den Informationen und Anregungen in diesem Buch das Leben erleichtern und Sie inspirieren, Neues auszuprobieren. Bei jedem unserer Produkte achten wir auf Aktualität und stellen höchste Ansprüche an Inhalt, Optik und Ausstattung. Alle Informationen werden von unseren Autoren und unserer Fachredaktion sorgfältig ausgewählt und mehrfach geprüft. Deshalb bieten wir Ihnen eine 100 %ige Qualitätsgarantie.

**Darauf können Sie sich verlassen:**
Wir legen Wert darauf, dass unsere Kreativ-Ratgeber fachlich fundiert und inspirierend zugleich sind. Wir garantieren, dass:

- alle Anleitungen und Tipps in der Praxis geprüft und
- durch klar verständliche Texte und Illustrationen einfach umsetzbar sind.

**Wir möchten für Sie immer besser werden:**
Sollten wir mit diesem Buch Ihre Erwartungen nicht erfüllen, lassen Sie es uns bitte wissen! Nehmen Sie einfach Kontakt zu unserem Leserservice auf. Sie erhalten von uns kostenlos einen Ratgeber zum gleichen oder zu einem ähnlichen Thema. Die Kontaktdaten unseres Leserservice finden Sie am Ende dieses Buches.

GRÄFE UND UNZER VERLAG
*Der erste Ratgeberverlag – seit 1722.*

# 01 THEORIE



*Alle 15 Nähprojekte im Überblick*

# 02 PRAXIS



## ANHANG

Infos zu Material und Zubehör ⟶ Seite 6

THEORIE

# OHNE DIE GEHT NICHTS

Die Nähmaschine wartet schon. Doch bevor es richtig losgeht, möchten wir Ihnen auf den nächsten Seiten ein paar wichtige Dinge vorstellen, die Sie zum Nähen von Taschen brauchen.

# ZUBEHÖR UND WERKZEUG

**Diese Utensilien unterstützen Sie beim Nähen der Taschen. Bestimmt besitzen Sie schon einiges davon, zum Beispiel Garn, Nähnadeln, Stecknadeln und Auftrenner. Dann müssen Sie für die Taschen eventuell nur ein paar Werkzeuge und Hilfsmittel ergänzen.**

01

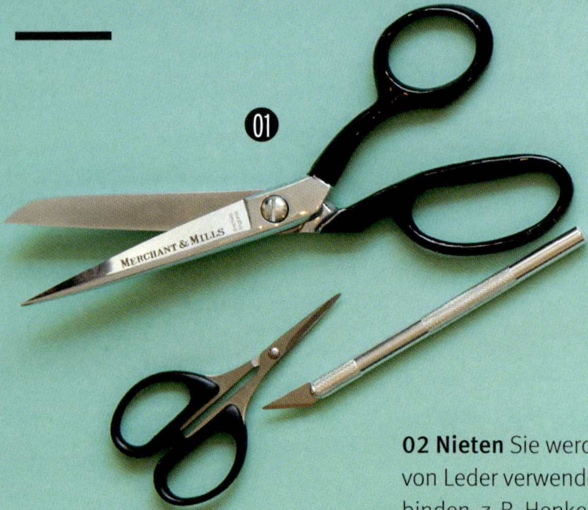


**01 Schneiden** Für den Stoffzuschnitt dient die **Stoffschere**. Wichtig ist, dass Sie diese Schere nur zum Stoffschneiden verwenden, damit sie nicht stumpf wird. Den **Cutter** brauchen Sie für festere und dickere Materialien, z. B. für Leder und Filz. Eine **Bastelschere** eignet sich z. B. zum Schneiden von Kunststoff-Reißverschlüssen.

**02 Nieten** Sie werden vor allem beim Verarbeiten von Leder verwendet, um Teile miteinander zu verbinden, z. B. Henkel und Tragegurte. **Schraubnieten/ Buchschrauben** können ganz einfach mithilfe eines Schlitz-Schraubenziehers verschraubt werden (sehr gut für Anfänger beim Nieten). **Hohlnieten** hingegen werden mit einem Hammer aufeinandergeschlagen. Für Nieten sowie für Schnallenlöcher werden die Löcher mit einer **Lochzange** gestanzt.

02

06

**03 Verstärken** Auf die linke Seite von Stoffen, die verstärkt werden sollen, wird **Bügelvlies** aufgebügelt. Dies gibt es in verschiedenen Stärken. Für die Taschen nehmen Sie die stärkeren Varianten (z. B. H220). Das Bügelvlies verwenden Sie vorzugsweise, wenn die Tasche ein Innenfutter hat, sodass das unschöne Bügelvlies versteckt ist. Im Vergleich zu Bügelvlies sorgt **Teppich-Stramin** für mehr Standfestigkeit. Weiche, aber dennoch standfeste **PE-Platten** polstern den Rückenteil von Rucksäcken, so wird mehr Tragekomfort gewährleistet.

**04 Markieren** Um Markierungen (z. B. vom Schnittmuster) auf Stoff, Leder, Gurtband oder anderes Material zu übertragen, wird üblicherweise **Schneiderkreide** oder ein **Markierstift** verwendet. Sie können aber auch mit Stecknadeln Stellen markieren. Für Leder eignet sich ein **Kopierrädchen** hervorragend, das kleine Löcher in das Leder pikst. Den **Zirkel** brauchen Sie für runde Zuschnitte.

**05 Lederzubehör** Falls beim Nähen das Leder nicht richtig von der Nähmaschine transportiert wird, können Sie ein Stück **Backpapier** als »Rutschhilfe« unter das Leder legen und mit einnähen. Im Anschluss wird es einfach herausgetrennt. Zum Fixieren von zwei Lederstücken vor dem Nähen hilft Lederkleber. Zum Fixieren von anderem Material, etwa Gummiband oder Reißverschlüssen, auf Leder verwenden Sie **doppelseitiges Klebeband**.

**06 Gurtband** Dies gibt es in unterschiedlichen Qualitäten, Farben und Breiten. Für Taschen eignen sich Gurtbänder mit 2–4 cm Breite. Hochwertig und schön sind **Gurtbänder aus Baumwolle**. Von den Polyester-Gurtbändern sind die sogenannten **Sicherheits-Gurtbänder** meist die schöneren.

# MATERIALIEN FÜR TASCHEN

**Taschen machen etwas mit in ihrem Leben, deshalb müssen sie aus stabilem Material bestehen. Verarbeiten Sie dafür am besten feste Stoffe. Dehnbare Stoffe wie Jersey oder Strick sowie empfindliche Stoffe wie Seide oder Chiffon sind weniger gut geeignet.**

Gefällt Ihnen ein bestimmter Stoff, doch er ist nicht fest genug, dann können Sie ihn mit Bügelvlies oder anderen Verstärkungsmaterialien unterstützen (▸ Seite 6/7).

## Möbel-/Einrichtungsstoffe

Die Festigkeit von **Einrichtungsstoffen (03)** eignet sich hervorragend für Ihr Vorhaben, Taschen zu nähen. Da eine lange Lebensdauer vorausgesetzt wird, sind diese Stoffe vorwiegend griffig und robust. Dabei sollten Sie von empfindlichen Stoffzusammensetzungen, wie Kaschmiranteil, absehen. Einrichtungsstoffe finden Sie im Möbel- oder Kaufhaus, meist auf Bestellung. Ein Tipp: Fragen Sie nach aussortierten Muster-Laschen. Diese sind oft groß genug. Aber auch in gut sortierten Stoffläden und bei Heimtextilien können Sie fündig werden.

## Leder

Lassen Sie sich von der Verarbeitung von **Leder (02)** nicht abschrecken – dünnes Leder (bis 2 mm dick) kann bedenkenlos mit jeder Nähmaschine verarbeitet werden. Vorteil: Ihnen bleibt das (lästige) Versäubern erspart. Nur für dickeres Leder ist eine spezielle Leder-Nähmaschine nötig. Leder wird nicht per Laufmeter verkauft, sondern pro Kilo oder pro Haut. Der Preis hängt von Dicke, Größe und Festigkeit des Leders ab. Kunstleder lässt sich leichter verarbeiten als Leder.

## Filz

**Bastelfilz (01)** ist sehr stabil und günstig, allerdings aus Polyester. Es gibt ihn in den verschiedensten Farben, melierter Bastelfilz schaut meist ansprechender aus. Wollfilz ist hochwertig, dafür muss man auch etwas mehr Geld hinlegen. Bei sehr steifen Taschen (z. B. XXL-Beutel, ▸ Seite 14) nutzen Sie einen dickeren Filz (2–3 mm), ansonsten dünneren Wollfilz oder Loden (< 2 mm). Ist der Filz dicker als 3 mm, lässt er sich leider mit den meisten Nähmaschinen nicht mehr gut verarbeiten.

## Dünne Stoffe

Am einfachsten zu verarbeiten sind **Baumwollstoffe (05)**. Bei diesen Stoffen werden Sie voraussichtlich auch die größte Auswahl finden mit verschiedenen Prints und Farben. Nutzen Sie dünne Stoffe vorwiegend als **Futterstoff (04)** bei Taschen. Für die Taschen-Außenseite können Sie dünne Stoffe zwar mit Bügelvlies bekleben, um den Stoff zu verstärken, allerdings sind dünne Stoffe nicht so robust wie alle anderen aufgeführten Materialien.

Für jede Tasche gibt es den passenden Stoff. Je stärker sie beansprucht wird, desto stabiler muss das Material sein, aus dem sie besteht.

# TASCHEN INDIVIDUALISIEREN

**Alle in diesem Buch vorgestellten Taschen sind bereits »vollwertig«. Auf dieser Seite möchten wir Ihnen einige Inspirationen liefern, wie Sie das eine oder andere Detail einer Tasche optisch und praktisch verändern können.**

## VERSCHLÜSSE

Verschlüsse und Verarbeitungsmaterialien können Sie nach Belieben einsetzen und integrieren. Im gut sortierten Kurzwaren- oder Handarbeitsladen sowie im Internet werden Sie sicherlich fündig. Mithilfe von **D-Ringen**, **runden Ringen** und **Schiebeschnallen/Schiebern** aus Metall lassen sich Bänder und Gurte befestigen und verstellen. **Karabinerhaken** sind abnehmbare Verschlüsse, die meistens die Schulterriemen mit der Tasche verbinden. Es gibt sie in den verschiedensten Größen und Ausführungen. **Kordelenden** und **-stopper** sind die professionelleren Alternativen zum Knoten. Als weitere Metallteile können **Bodennägel** bzw. **Taschenfüße**, **Metallösen** für Öffnungen und Löcher, **Ringkarabiner** und **Vierkantringe** eingesetzt werden. Zum Öffnen und Schließen der Tasche eignen sich **Magnetverschlüsse** (sichtbar und unsichtbar), **Mappenverschlüsse**, **Steckschlösser/-schnallen/-schließer**, **Drehverschlüsse**, oder – ganz ausgefallen – der **Tenax-Verschluss**. Zum Öffnen und Schließen von Gurten dienen **Gürtelschnallen**.

## INNENTASCHEN

In alle Taschen, die gefüttert sind, können Sie zusätzlich Innentaschen einnähen. Dies ist vor allem bei größeren Taschen und Shoppern sehr praktisch, da man sein wertvolles Hab und Gut separat verstauen kann und so Schlüssel, Smartphone oder Geldbörse schneller griffbereit sind. Nähen Sie die Innentaschen immer an den Futterstoff, bevor Sie diesen in die Tasche einnähen.

### Einfache aufgesetzte Innentasche

Dies ist der Klassiker unter den Innentaschen. Achten Sie beim Abmessen und Positionieren des Stoffstückes für die Innentasche darauf, dass Sie mindestens 3 cm Abstand zu den Außenkanten haben. Beim Zuschnitt für die Innentasche

**Links**: Im Fachhandel gibt es eine breite Auswahl an Taschenverschlüssen, Metallteilen und weiterem Zubehör.

addieren Sie 2 cm Saumzugabe an der Oberkante und 1 cm an den Seiten und an der Unterkante dazu. Nähen Sie die Innentasche wie beim Näh-Utensilo (► Seite 35, Step 01) an. Möchten Sie die Innentasche unterteilen, nähen Sie eine zusätzliche senkrechte Naht an der gewünschten Position von der Unter- bis zur Oberkante (Stichlänge 2,5). Für **aufgesetzte Innentaschen mit Reißverschluss** verfahren Sie wie bei der Vordertasche der Yogatasche (► Seite 53/54, Step 01–03).

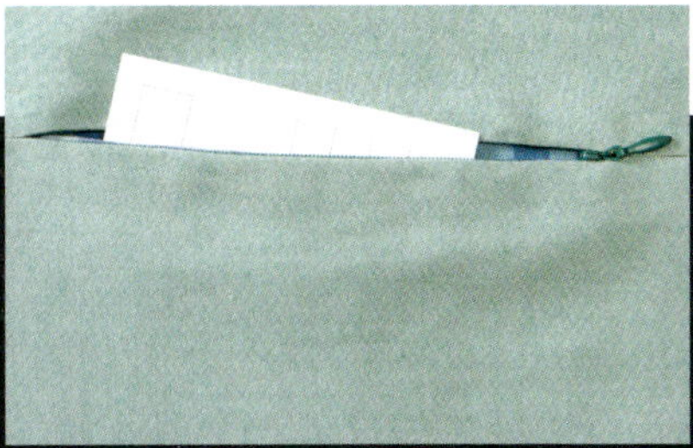

**Oben**: Die versteckte Innentasche ist über einen unsichtbaren Reißverschluss mit dem Futterstoff verbunden.
**Unten**: Durch Längsnähte erhält die aufgesetzte Innentasche mehrere Fächer.

## Versteckte Innentasche

Diese Innentasche befindet sich zwischen Futter und Außenstoff und liegt sehr versteckt. Sie eignet sich hervorragend als »Sicherheits-Fach« für Wertsachen. Addieren Sie beim Zuschnitt des Taschenfutters 2 cm in der Höhe.
**Material:** Sie benötigen zwei Stoffstücke mit den gewünschten Maßen für die Innentasche, einen nahtverdeckten Reißverschluss, der 3 cm kürzer ist als die Breite der Stoffstücke.
Sie nähen stets mit Geradstich, Stichlänge 2,5.
**1. Schritt:** Vom Futter, in das die Innentasche eingenäht wird, einen 5 cm breiten Streifen von der Oberkante abschneiden.
**2. Schritt:** Nähen Sie die Stoffstücke rechts auf rechts mit 1 cm Nahtzugabe an der Schnittkante zusammen. Lassen Sie eine Öffnung in der Mitte, die insgesamt 4 cm kürzer ist als der Reißverschluss. Bügeln Sie die Nahtzugabe auseinander.
**3. Schritt:** Platzieren Sie den Reißverschluss mit der rechten Seite nach unten mittig auf der Nahtzugabe und über der Öffnung in der Naht. Dann steppen Sie an beiden Seiten entlang des Reißverschlusses.
**4. Schritt:** Nun nähen Sie die beiden Stoffstücke der Innentasche an der Bodennaht und an den Seitennähten rechts auf rechts zusammen. Dabei lassen Sie an den beiden Seiten 1 cm Abstand zur Oberkante frei .
**5. Schritt:** Die Seiten der Innentaschen-Öffnung zusätzlich an die Nahtzugabe des Futterteils stecken und steppen. Nun das Futterstück inkl. der Innentasche, wie vorgesehen, in die Tasche einnähen.

XXL-Beutel ⟶ Seite 14

PRAXIS

# RAN AN DIE TASCHEN

Ob Sie zum Bummeln, Shoppen, auf Reisen oder ins Theater gehen oder ob Sie für Ordnung sorgen möchten – für jeden Anlass gibt es die passende Tasche. Und welche nähen Sie zuerst?

# XXL-BEUTEL

**MATERIAL**
Wollfilz in Anthrazit, 2–3 mm dick, 110 cm (Breite 90 cm) | schwarzes Nähgarn

**ZUSCHNITT** (Alle Maßangaben inkl. Nahtzugabe)

Übertragen Sie die Maße für die beiden Rechtecke für die Tasche und die Streifen für die Henkel auf den Filz und schneiden sie aus. Verwenden Sie dafür am besten einen Cutter. Bei Filz ist es nicht nötig zu versäubern, da dieser nicht ausfransen kann. Zum Fixieren des Filzstoffes können Sie auch doppelseitiges Klebeband verwenden, da es mit Stecknadeln ein bisschen Übung bedarf.

**01** Starten Sie mit den Henkeln. Zeichnen Sie auf beiden Henkeln jeweils 10 cm von links und rechts gemessen eine senkrechte Linie mit Schneiderkreide ein. Den ersten Henkel falten Sie der Länge nach zur Hälfte. Fixieren Sie die beiden Seiten mit Stecknadeln und nähen von Markierung zu Markierung mehrmals gerade hin und her, ohne abzusetzen (Geradstich, Stichlänge 3). Vernähen nicht vergessen! Wiederholen Sie diesen Schritt in der gleichen Weise für den zweiten Henkel.

**02** Positionieren Sie jeweils einen Henkel auf einer Seite eines Filzrechtecks – 5 cm von der Oberkante und 19 cm von den Seitenkanten entfernt – und fixieren Sie die Henkelenden mit Stecknadeln. Die Längsfalte im Henkel zeigt dabei nach außen, die Henkelnaht zur Taschen-Innenseite. Steppen Sie die Henkelenden auf dem Filz mit einem Viereck wie im Step-Foto gezeigt fest.

**03** Vorder- und Rückteil rechts auf rechts aufeinanderlegen und mit Klebeband oder Nadeln fixieren. An den Seiten und am Boden mit 1 cm Nahtzugabe zusammennähen (Geradstich, Stichlänge 3). Vernähen nicht vergessen! Um einen Taschenboden zu erzeugen, nähen Sie auf der linken Filzseite die Ecken 9 cm tief ein (▸ Seite 31, Step 06). Wichtig: Schneiden Sie die Ecken nicht ab! Tasche wenden und die Ecken nach unten klappen, dadurch wird der Taschenboden verstärkt.

# CLUTCH

**MATERIAL**
Fester Stoff in Orange, 32 x 32 cm | dünnes Leder in Weiß, 32 x 32 cm | weißer Reißverschluss, messingfarbenes Metall, 30 cm lang | weißes Nähgarn | Lederquaste in Orange, 9 cm

**ZUSCHNITT** (Alle Maßangaben inkl. Nahtzugabe)

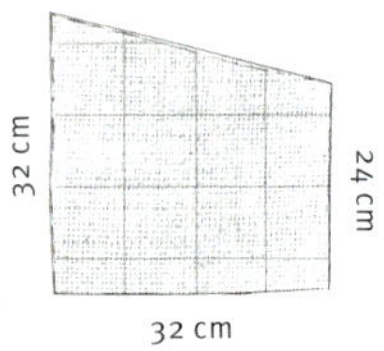

Außenseite

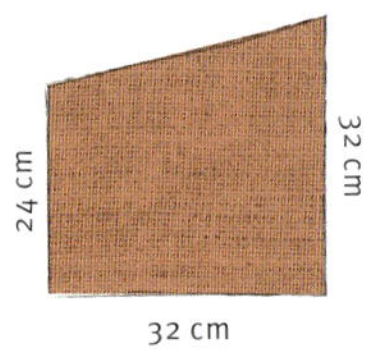

Innenseite

Übertragen Sie die Maße wie im Zuschnitt oben angegeben auf die rechte Seite des festen Stoffes und des Leders und schneiden Sie die Teile aus. Das Stoffstück versäubern Sie rundherum mit einer Zickzack- oder Overlock-Naht.

**01** Befestigen Sie an der schrägen Kante des Stoffes den Reißverschluss. Dazu legen Sie den Reißverschluss mit der Oberseite so auf die rechte Seite des Stoffes, dass seine Enden links und rechts den gleichen Abstand zu den Seitenkanten haben. Die Außenseite des Reißverschlusses schließt bündig mit der Stoffkante ab. Fixieren Sie dann den Reißverschluss mit Stecknadeln. Setzen Sie an der Nähmaschine den Reißverschluss-Nähfuß ein und nähen Sie den Reißverschluss etwa 5 mm neben der Kante mit einer geraden Steppnaht (Geradstich, Stichlänge 2,5) fest. Am Anfang und Ende vernähen. Dann nähen Sie nach dem gleichen Prinzip die andere Seite des Reißverschlusses auf dem Leder fest. Danach öffnen Sie den Reißverschluss, damit sich die Tasche am Ende wenden lässt.

**02** Legen Sie nun beide Teile rechts auf rechts exakt aufeinander und stecken sie am Rand mit ein paar Stecknadeln fest. Achten Sie darauf, dass die Nadeln in der 1 cm breiten Nahtzugabe stecken, da sie sonst sichtbare Löcher im Leder hinterlassen. Nun entlang der Seiten und des Bodens mit 1 cm Nahtzugabe steppen (Geradstich, Stichlänge 2,5). Vernähen nicht vergessen! Zum Schluss wenden Sie die Clutch durch die Reißverschlussöffnung. Nun noch die Quaste am Reißverschluss befestigen, und Ihr Outfit ist um ein tolles Teil reicher.

# TURNBEUTEL

**MATERIAL**
Baumwollstoff in Ockergelb, 50 cm (140 cm Breite) | Baumwollstoff, 38 x 33 cm, jeweils in Hellblau und Royalblau | cremefarbene Anorak-Kordel, Ø 8 mm, 2-mal 2 m | weißes Nähgarn | royalblaues Knopflochgarn | große Sicherheitsnadel

**ZUSCHNITT** (Schnittmuster siehe App)

Schneiden Sie aus dem ockerfarbenen Stoff wie im Schnittmuster angegeben zwei Rechtecke und vier Trapeze und aus dem hellblauen und royalblauen Stoff je ein Dreieck aus.

**01** Versäumen Sie die beiden Dreiecke an der jeweils langen Seite doppelt: Dazu den Saum zweimal jeweils 1 cm umschlagen. Nun den Saum bügeln, mit Stecknadeln fixieren und knappkantig steppen. Vernähen nicht vergessen! Versäubert werden die Dreiecke erst in Step 03 zusammen mit den anderen Schnittteilen.

**02** Für die kleinen Seitenlaschen jeweils ein linkes und ein rechtes Schnittteil rechts auf rechts aufeinanderlegen und an drei Seiten zusammennähen, eine Seite bleibt offen (▸ Schnittmuster). Die Nahtzugabe schneiden Sie an den Ecken diagonal ab. Die beiden Seitenlaschen nun wenden. In der Mitte nähen Sie mit Ihrer Nähmaschine in jede Seitenlasche ein 2 cm langes Knopfloch (die Anleitung dafür liegt Ihrer Nähmaschine bei). Die genaue Position für das Knopfloch ersehen Sie im Schnittmuster. Verwenden Sie hierfür das royalblaue Knopflochgarn.

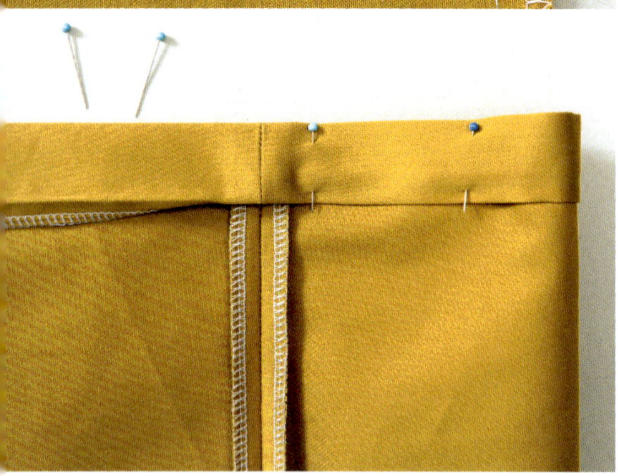

**03** Vorderseite: Platzieren Sie auf einem ockergelben Stoffstück (rechts nach oben) das hellblaue und royalblaue Stoffdreieck (jeweils rechts nach oben) bündig an der Unterkante, außerdem 2 cm entfernt von der Unterkante rechts und links die Seitenlaschen – mit der offenen Seite auf der Seitenkante (▸ Schnittmuster). Nun alle Stofflagen feststecken und das Ganze mit einer Overlock- oder Zickzack-Naht (Stichlänge 2, Stichbreite 5) versäubern. Dann auch die Rückseite versäubern.

**04** Legen Sie die Vorderseite des Turnbeutels (rechte Seite nach oben) vor sich und decken diese mit der Rückseite (rechte Seite nach unten) ab. Fixieren Sie den Boden und die Seiten mit ein paar Stecknadeln und nähen sie mit einer geraden Naht (Geradstich, Stichlänge 2,5) mit 1 cm Nahtzugabe zusammen. Dabei sparen Sie an beiden Seitennähten im oberen Bereich je eine Öffnung aus. Die genaue Position und Größe der Öffnungen entnehmen Sie dem Schnittmuster. Vor den Öffnungen vernähen nicht vergessen!

**05** Die Oberkante wird nun doppelt gesäumt. Dazu schlagen Sie den Rand 1 cm um und bügeln die Kante. Dann schlagen Sie den Rand um weitere 3 cm um, bügeln die Kante und stecken alles akkurat ab. Nun steppen Sie knappkantig entlang des Saums (Geradstich, Stichlänge 2,5). Dabei entsteht ein Tunnel für die Kordel. Das Ganze durch die große Öffnung wenden.

**06** Nun verriegeln Sie noch die beiden kleinen Öffnungen für die Kordeln in den Seitennähten des Turnbeutels jeweils oben und unten mit einigen Vor- und Rückstichen. Dadurch verhindert man, dass die Nahtzugabe durch das Auf- und Zuziehen mit der Kordel aus dem Tunnel zum Vorschein kommt. Zudem stabilisieren die zusätzlichen Nähte die Hauptnaht, sodass sich diese durch das Auf- und Zuziehen der Kordel nicht auftrennt.

**07** Abschließend wird die Kordel eingefädelt. Befestigen Sie dazu eine große Sicherheitsnadel an einem Ende der Kordeln und führen dieses Ende durch den Tunnel auf der Vorderseite des Beutels und dann zurück durch den Tunnel auf der Beutel-Rückseite. Beide Kordelenden schauen rechts aus dem Beutel. Führen Sie nun beide Enden von hinten nach vorn durch das Knopfloch in der rechten Seitenlasche und verknoten sie. Wiederholen Sie diesen Schritt mit dem zweiten Stück Kordel auf der anderen Seite des Turnbeutels.

**TIPP**

### KNOPFLOCH NÄHEN

Das Knopfloch nähen Sie am besten nach der Anleitung, die Ihrer Nähmaschine beiliegt. Um das Knopfloch einzuschneiden, stechen Sie mit der Spitze des Auftrenners in die Mitte der Knopfloch-Öffnung und schneiden einen 2–3 mm langen Schlitz. Den Rest der Öffnung schneiden Sie besser, weil kontrollierter, mit einer kleinen Nähschere ein.

# BEUTELTASCHE

**MATERIAL**
Außenstoff, grun-rot gemustert, 50 cm (140 cm Breite) | Baumwollstoff in Grün, 23 x 41 cm | Gurtband in Schwarz, 3 cm breit, 2-mal 150 cm | schwarzes Nähgarn

**ZUSCHNITT** (Schnittangabe siehe App)

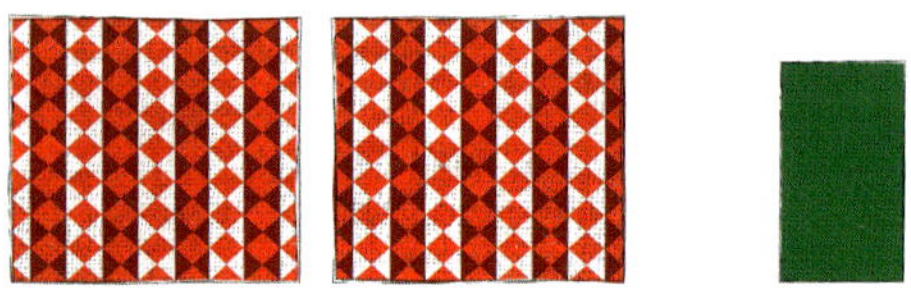

Außenseite Innentasche

Schneiden Sie alle Stoffstücke nach der Schnittangabe aus, übernehmen Sie alle Markierungen und versäubern Sie die Stoffe mit einer Zickzack- oder Overlock-Naht.

**01** Das Gurtband gemäß Angabe in der Schnittangabe auf die rechte Taschen-Vorderseite stecken. Nun den Gurt auf der rechten Seite bis zur Markierung mit zwei knappkantigen Nähten (Geradstich, Stichlänge 3) festnähen. Für die Rückseite wiederholen Sie diesen Schritt.

**02** Beide Stoffteile rechts auf rechts exakt aufeinanderlegen. An den Seiten und am Boden abstecken und mit 1 cm Nahtzugabe zusammennähen. Die Nähte auseinanderbügeln. Für den Taschenboden nähen Sie die Ecken 6 cm tief ein (▸ Seite 31, Step 06) und schneiden die überstehende Ecke 1 cm neben der Naht ab.

**03** Nun kommt die Innentasche dran. Eine der kürzeren Seiten des grünen Stoffs säumen Sie doppelt. Dann das gesäumte Ende rechts auf rechts um 18 cm nach oben falten. Beim Feststecken der Seiten erkennen Sie bereits die Form der Innentasche. Nun an den Seiten mit 1 cm Nahtzugabe zusammennähen (Geradstich, Stichlänge 2,5) und mit einer Overlock- oder Zickzack-Naht versäubern.

**04** Die Tasche erhält nun auch einen doppelten Saum. Bügeln Sie an der Oberkante zuerst 3 cm, dann noch einmal 3 cm nach links um. Stecken Sie den Saum akkurat mit Stecknadeln ab. Bevor Sie rundherum knappkantig von links absteppen, schieben Sie an einer Seite mittig die Innentasche ein, sodass diese mit der höheren ungesäumten Kante in den Taschensaum eingenäht wird. An den Gurten verstärken Sie die Naht, indem Sie zweimal vor- und zurücknähen.

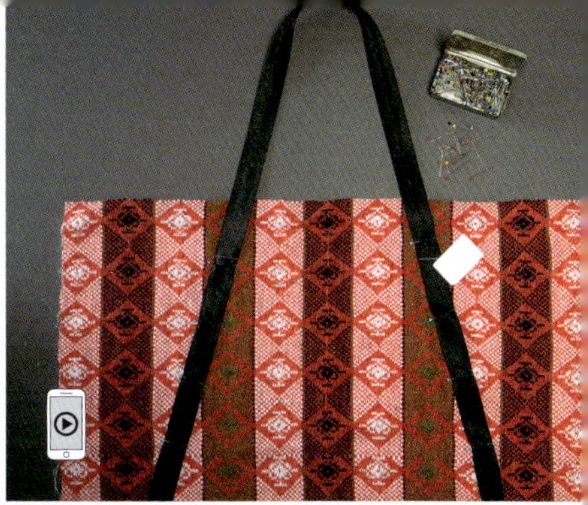

# HANDY-/TABLET-TASCHE

**MATERIAL**

Handy: 3 verschiedenfarbige Lederstücke (dünnes Leder, ca. 1–2 mm dick) | Rundgummi in Silber, Ø 1 mm | farblich passendes Nähgarn | doppelseitiges Klebeband | Backpapier
Tablet: 3 verschiedenfarbige Lederstücke (dünnes Leder, ca 1–3 mm dick) | Rundgummi in Neongelb, Ø 3 mm | farblich passendes Nähgarn | doppelseitiges Klebeband | Backpapier

## ZUSCHNITT

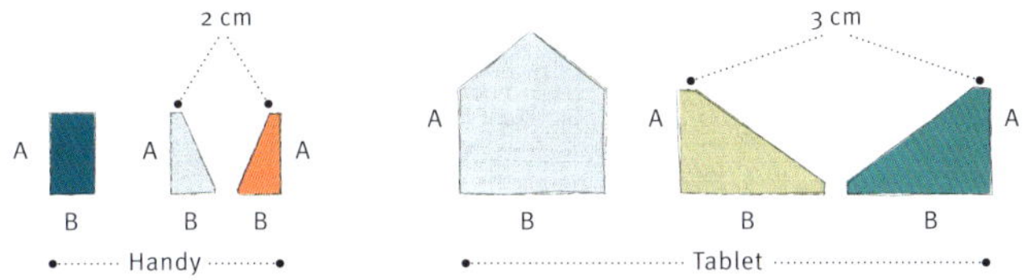


Die Hülle aus Leder können Sie sowohl für Handy, Smartphone oder Tablet nähen. Die Maße dafür passen Sie individuell an die Größe Ihres Gerätes an (▸ Tabelle, Seite 61). Übertragen Sie diese Maße auf die Lederstücke und schneiden sie zu.

**01** Befestigen Sie mit Klebeband die beiden Vorderteile aneinander, sodass die beiden Unterkanten bündig aufeinanderliegen. Nähen Sie 2 mm neben der Lederkante beide Stücke an den diagonalen Kanten zusammen (Geradstich, Stichlänge 3,5). Die Unterseite bleibt offen, das Klebeband wenn möglich wieder entfernen. Als »Rutschhilfe« können Sie Backpapier unter das Leder legen und mit einnähen (▸ Seite 7). Danach wieder heraustrennen.

**02** Das Gummiband vorbereiten: Verwenden Sie das dicke Gummiband einfach, das dünne Gummiband vierfach (zur Berechnung der Gesamtlänge ▸ Tabelle, Seite 61) und schneiden die Länge ab. Mit doppelseitigem Klebeband die Enden des Gummis auf dem Rückteil mittig an der Unterkante festkleben.

**03** Vorderteil und Rückteil links auf links legen und durch Klebeband fixieren. An den Seiten und am Boden zusammennähen (Geradstich, Stichlänge 3,5). Dabei das Gummiband miteinnähen (ggf. mehrmals vernähen an dieser Stelle). Klebebandreste entfernen.

# POCHETTE-TASCHE

**MATERIAL**
Fester Stoff mit Hahnentritt sowie geblümter Baumwollstoff, jeweils 40 cm (ab 60 cm Breite) | Futterstoff in Schwarz, 40 cm (ab 70 cm Breite) | Bügelvlies Stärke H220, 33 x 70 cm | Teppich-Stramin, 31 x 19 cm | schmaler Gürtel, mindestens 80 cm lang | schwarzes Nähgarn | doppelseitiges Klebeband

**ZUSCHNITT** (Schnittmuster siehe App)

Außenseite Innenseite Bügelvlies Teppich-Stramin

Die Schnittteile ausschneiden, versäubern, alle Markierungen vom Schnittmuster übertragen. Auf die linken Seiten der Außenstoffstücke das Vlies bügeln. Das Gürtelende mit der Schnalle bei 7 cm, das Ende mit den Löchern bei 10 cm abschneiden. Sie nähen mit Geradstich, Stichlänge 2,5.

**01** Den Hahnentritt-Außenstoff mit der linken Seite nach oben legen. Den Teppich-Stramin auf der unteren Hälfte, 1 cm oberhalb der Unterkante, platzieren, feststecken und rundherum festnähen.

**02** Die Taschen-Rückseite (Hahnentritt) und ein Futter-Schnittteil rechts auf rechts legen. Dazwischen platzieren Sie das Gürtelende mit den Löchern (▸ Schnittmuster) mit der Oberseite Richtung Taschen-Rückseite. Alles feststecken und mit 1 cm Nahtzugabe zusammennähen, ggf. öfter vernähen an der Stelle des Gürtels. Wiederholen Sie diesen Schritt mit der Taschen-Vorderseite und dem zweiten Futterstück, aber ohne Gürtelstück.

**03** Breiten Sie den geblümten Außenstoff inkl. angenähtem Futter (rechte Seite nach oben) aus. Fixieren Sie mit Klebeband Schulterriemen und Verschluss an den Markierungen (▸ Schnittmuster). Stecken Sie darauf den Hahnentritt-Stoff inkl. Futter, dabei liegt Futter auf Futter und Außenstoff auf Außenstoff rechts auf rechts.

**04** Mit 1 cm Nahtzugabe Seiten und Böden zusammennähen, dabei im Futter-Boden eine Öffnung von ca. 10 cm lassen. Die Tasche wenden, die Öffnung knappkantig von rechts zunähen. Das Futter in das Tascheninnere stülpen und die Tasche auf Höhe des Trageriemens umklappen.

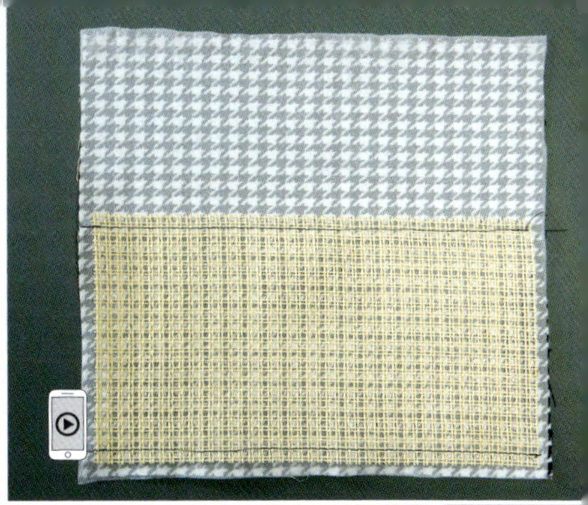

# KULTUR-BEUTEL

**MATERIAL**
Klein: Obermaterial, 20 cm (ab 60 cm Breite) | Innenmaterial, 20 cm (ab 60 cm Breite) | 2 Stoffflicken, je 4 x 3 cm | Reißverschluss aus Kunststoff, mindestens 20 cm | weißes Nähgarn
Groß: Obermaterial, 40 cm (ab 90 cm Breite) | Innenmaterial, 40 cm (ab 90 cm Breite) | 2 Stoffflicken, je 5 x 4 cm | Reißverschluss aus Kunststoff, mindestens 35 cm | weißes Nähgarn

**ZUSCHNITT** (Alle Maßangaben inkl. Nahtzugabe)

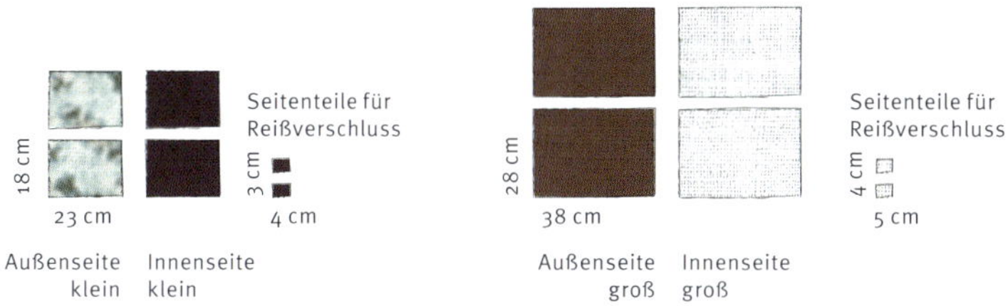


Je zwei Rechtecke aus Ober- und Innenmaterial ausschneiden. Die Stoffstücke müssen nicht versäubert werden, da alles von innen vernäht wird. Für die Seitenteile des Reißverschlusses eignen sich Stoffreste sehr gut. Hieraus die beiden Rechtecke ausschneiden. Kann man am Stoff die rechte Seite nicht gut von der linken Seite unterscheiden, dann markieren Sie am besten mit Schneiderkreide die linke Seite der Stoffstücke mit einem L.

**01** Den Reißverschluss vorbereiten: Schneiden Sie oberhalb des Stoppers am Kopfende die überstehenden Enden ab. Ist der Reißverschluss genau 20 bzw. 35 cm lang, schneiden Sie die Enden knapp am Stopper ab. Da nur Stoff geschnitten wird, können Sie statt der Bastelschere auch die Stoffschere verwenden.

**02** Den Reißverschluss kürzen: Ist der Reißverschluss länger als 20 bzw. 35 cm, kann dieser einfach gekürzt werden. Dafür messen Sie die angegebene Länge (20 cm/35 cm) vom Kopfende aus ab und schneiden den Reißverschluss an dieser Stelle mit einer Schere ab. Deshalb ist es wichtig, dass Sie einen Kunststoff-Reißverschluss verwenden.

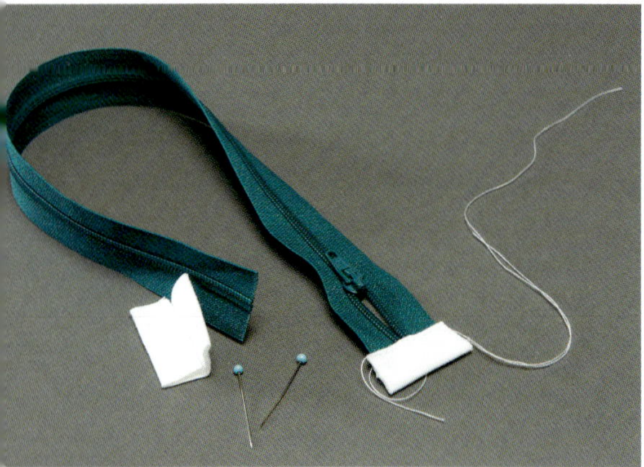

**03** Für die Seitenteile klappen Sie jeweils die linke und rechte Kante zur Mitte, dann falten Sie das Stoffstück in der Mitte. Bügeln Sie die Seitenteile, dann schieben Sie sie über die Enden des Reißverschlusses, stecken und nähen sie fest (Geradstich, Stichlänge 2,5). Sie können unbesorgt über den Kunststoff-Reißverschluss nähen. Achten Sie aber darauf, nicht auf den evtl. vorhandenen Stopper zu nähen, sonst kann die Nadel beschädigt werden. Nun ist der Reißverschluss versäubert.

**04** Legen Sie nun vor sich: 1-mal Außenstoff (rechte Seite nach oben), den versäuberten Reißverschluss mittig an die Oberkante (Oberseite nach unten), darauf 1-mal Innenstoff (rechte Seite nach unten). Das Ganze an der oberen Kante, wo sich alle drei Teile treffen, mit Stecknadeln feststecken und dann mit dem Reißverschluss-Nähfuß zusammennähen. Diesen Schritt wiederholen Sie mit den verbliebenen Rechtecken an der zweiten Seite des Reißverschlusses. Wichtig: Nun den Reißverschluss öffnen!

**05** Breiten Sie nun die Stoffteile vor sich auseinander, sodass Ober- auf Oberstoff und Innen- auf Innenstoff liegen, der Reißverschluss ist in der Mitte. An der Bodennaht des Innenfutters markieren Sie eine ca. 7 cm große Wendeöffnung. Die Stofflagen ringsherum exakt aufeinanderstecken und mit 1 cm Nahtzugabe rundherum absteppen (Geradstich, Stichlänge 2,5), dabei die Wendeöffnung offen lassen. Vernähen nicht vergessen!

**06** Nun nähen Sie für den Boden der Tasche Ecken ein: Ziehen Sie an einer Ecke den oberen und unteren Stoff auseinander. Formen Sie eine Spitze, indem Sie die Nähte von der Seite und vom Boden aufeinanderlegen. Dann messen Sie von der Spitze aus 3 cm ab, stecken ab, markieren eine Linie und steppen entlang dieser Linie (Geradstich, Stichlänge 2,5). So verfahren Sie auch mit den anderen drei Ecken. Dann die Ecken 1 cm von der Naht entfernt stutzen.

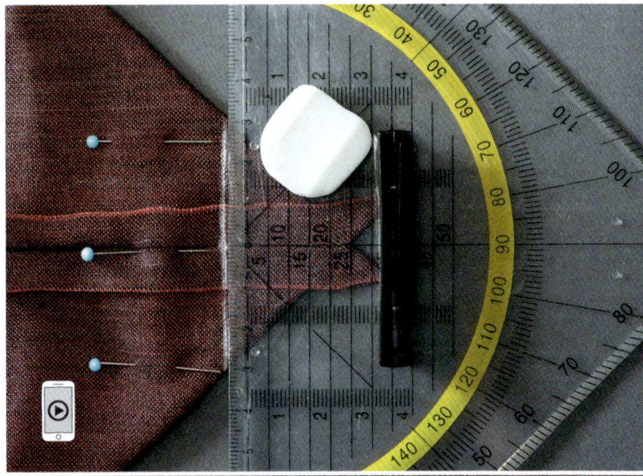

**07** Das Ganze nun durch die Öffnung in der Bodennaht des Innenstoffs wenden und die Öffnung von rechts knappkantig steppen oder mit einem Blindstich zunähen. Dann stülpen Sie das Futter in die Tasche und formen die Ecken, indem Sie sie sorgfältig nach außen drücken. Zum Abschluss sollten Sie den Stoff vom Reißverschluss wegbügeln, damit er sich beim Öffnen und Schließen des Reißverschlusses nicht in dessen Zähnchen verheddern kann.

**TIPP**

**VARIANTEN**

Dieses Modell ist quasi der Klassiker beim Nähen von Taschen, da diese Form in Klein, Groß, Breit und vielen weiteren Varianten genäht werden kann – das Prinzip ist immer dasselbe.
Das kleine Täschchen eignet sich hervorragend als Kosmetiktäschchen, die große Variante als Kulturbeutel, so sind Sie auf Reisen perfekt ausgestattet.

# WÄSCHESACK

**MATERIAL**
Fester Außenstoff, geblümt, 110 cm (140 cm Breite) | fester Canvasstoff als Futter, 110 cm (140 cm Breite) | Bügelvlies, Stärke H220, 190 cm (90 cm Breite) | cremefarbenes Nähgarn | etwas Backpapier

**ZUSCHNITT** (Alle Maßangaben inkl. Nahtzugabe)

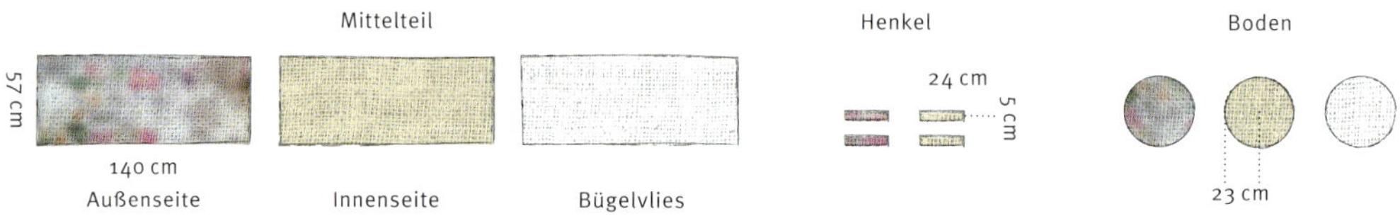


Übertragen Sie die Maße der Rechtecke und Kreise vom Zuschnitt auf die Stoffe und das Bügelvlies und schneiden diese aus. Nähen Sie alle Nähte mit Geradstich, Stichlänge 3.

**01** Das Vlies auf die linke Außenstoffseite bügeln. Damit an das Bügeleisen kein Kleber kommt, Backpapier dazwischenlegen. Nähen Sie jeweils die kurzen Seiten des verstärkten Außenstoffs und Futterstoffs rechts auf rechts mit 1 cm Nahtzugabe zusammen. Dies ergibt zwei Stoff-Zylinder.

**02** Stecken Sie jeweils den Zylinder rechts auf rechts an das dazugehörige runde Stoffteil und nähen beide Teile mit 1 cm Nahtzugabe zusammen. Dann schneiden Sie die Nahtzugabe in kurzen Abständen ein, sodass eine schöne Rundung entsteht. Wenden Sie das Wäschesack-Futter, sodass die rechte Seite nach außen zeigt.

**03** Das Futter rechts auf rechts in den Außenteil stecken, an der Oberkante mit Nadeln fixieren und mit 1 cm Nahtzugabe steppen. Lassen Sie dabei eine Öffnung von ca. 20 cm frei. Den Wäschesack wenden und die Öffnung mit einer sichtbaren Steppnaht (0,5 mm neben der Kante) schließen.

**04** Für die Henkel nähen Sie jeweils ein Stück Oberstoff und Futter mit 0,5 cm Nahtzugabe zusammen. Eine der kurzen Seiten bleibt offen, darüber wenden und die Öffnungen mit Blindstich schließen. Platzieren Sie die Enden für den ersten Henkel ca. 10 cm auseinander an der Oberkante des Wäschesacks. Die beiden Enden sind leicht angewinkelt. Feststecken und die beiden Enden mit einem Naht-Dreieck festnähen. Den zweiten Henkel platzierien Sie auf der gegenüberliegenden Seite des Wäschesacks und nähen ihn auf die gleiche Weise an.

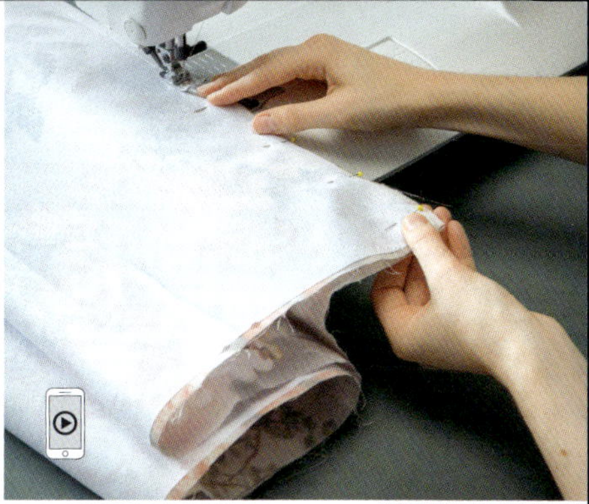
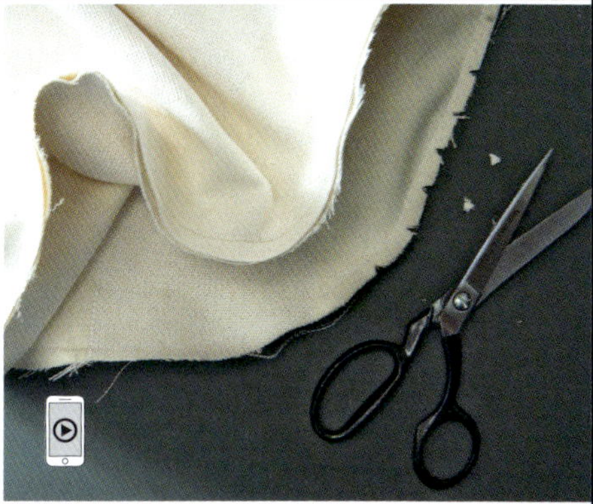
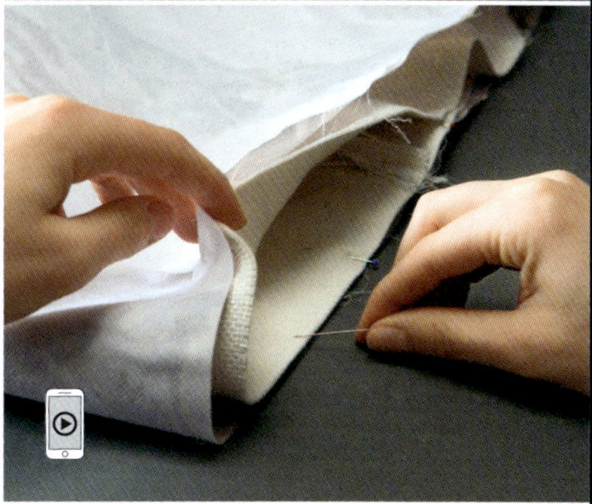

# NÄH-UTENSILO

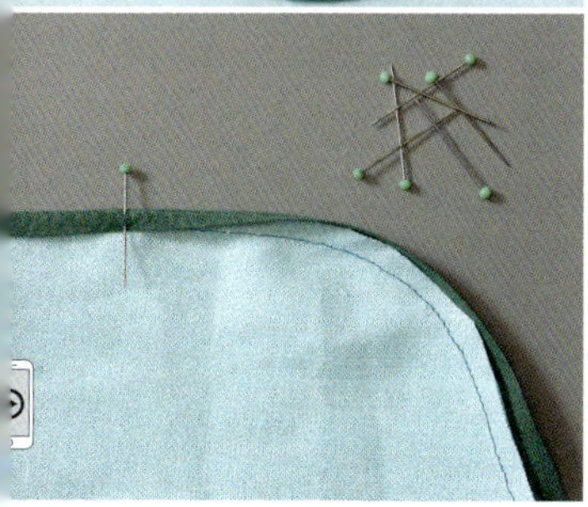

**MATERIAL**
Oberstoff in Mint, 50 cm (ab 60 cm Breite) | Innenstoff in Grün, 50 cm (ab 60 cm Breite) | grünes Schrägband, 240 cm lang | 3 Stück Stoffreste für Innentaschen, à ca. 10 x 17 cm | flaches Gummiband, 20 cm

**ZUSCHNITT** (Schnittmuster siehe App)

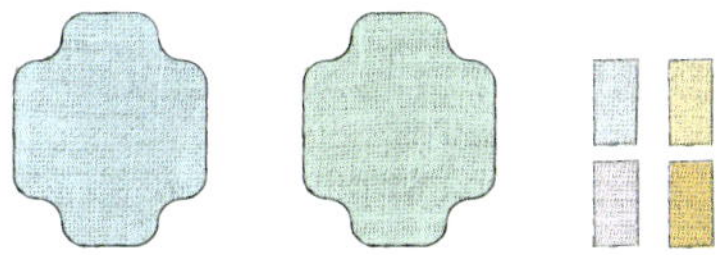

Außenseite Innenseite Innentaschen

Alle Stoffstücke nach Schnittmuster ausschneiden. Das Schrägband schneiden Sie so ab, dass Sie ein kurzes Stück mit 70 cm und ein langes Stück mit 170 cm haben.

**01** Die Oberkante aller Innentaschen doppelt mit je 1 cm säumen. Die restlichen drei Seiten 1 cm umschlagen (bügeln hilft!) und die Innentaschen links auf rechts an den gewünschten Stellen im Futter platzieren. Feststecken und von rechts knappkantig an Seiten und Boden absteppen, dabei die gesäumte Seite als Öffnung freilassen.

**02** Stecken Sie nun das Gummiband an der Stelle wie im Schnitt vermerkt fest. Vernähen Sie die Enden des Gummibands mit einem engen Zickzack-Stich (Stichlänge 1, Stichbreite 5). Das Gummiband an fünf Stellen durch senkrechte Nähte (Geradstich, Stichlänge 2,5) festnähen, sodass sechs Abschnitte zum Stecken entstehen.

**03** Ein Ende des kurzen Schrägbandes 2-mal 2 cm umklappen, bügeln und auf der rechten Seite des Oberstoffes (▸ Schnittmuster) feststecken. Das Schrägband mit einem Nahtviereck (Geradstich, Stichlänge 2,5) feststeppen.

**04** Außenstoff und Futter links auf links aufeinanderlegen, die beiden Teile mit ein paar Stecknadeln zusammenstecken. Nähen Sie nun das Schrägband in zwei Schritten entlang der Außenkante fest.

# HÜFTTASCHE

**MATERIAL**

Baumwollstoff als Außenmaterial, 20 cm (140 cm Breite) | Futterstoff, 20 cm (140 cm Breite) | farblich passender Reißverschluss aus Kunststoff, 25 cm | 2 Knöpfe | hellgraues Nähgarn | hellgraues Knopflochgarn

**ZUSCHNITT** (Schnittmuster siehe App)

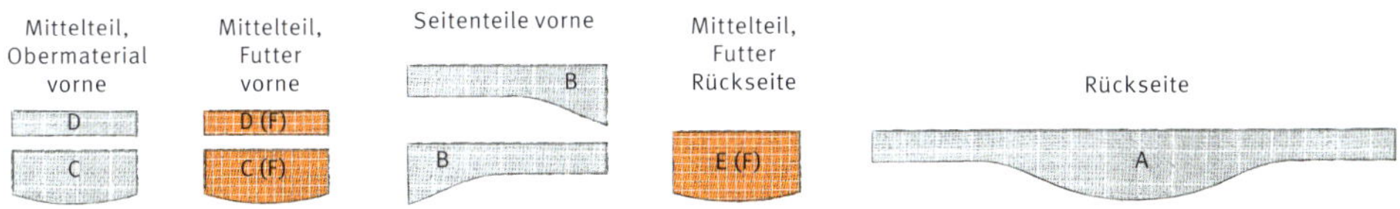


Vermessen Sie Ihren Hüftumfang und suchen Sie sich dann Ihre Größe im Schnittmuster aus. Die Knöpfe können im Nachhinein noch versetzt werden, sodass die Hüfttasche perfekt sitzt. Schneiden Sie alle Stoffe nach Angabe im Schnittmuster zu. Übertragen Sie die Markierungen vom Schnittmuster auf den Stoff. Die Stoffstücke müssen nicht versäubert werden, da alles von innen vernäht wird.

**01** Für die Öffnung der Hüfttasche legen Sie die langen Kanten von Ober- und Unterteil (Schnittteile C und D sowie C [F] und D [F]) bündig rechts auf rechts aufeinander, fixieren sie mit Stecknadeln und steppen sie (Geradstich, Stichlänge 2,5). Im mittleren Bereich zwischen den Markierungen (▸ Schnittmuster) nähen Sie die Naht lockerer, indem Sie Stichlänge 5 verwenden. Dann die Nähte auseinanderbügeln.

**02** Legen Sie das Futter-Mittelstück (Schnittteil C–D [F]) mit der rechten Seite nach unten. Platzieren Sie den Reißverschluss mit der Oberseite nach oben mittig auf der in Step 01 genähten lockeren Naht. Das entsprechende Oberstoff-Stück (Schnittteil C–D) legen Sie mit der rechten Seite nach oben auf den Reißverschluss und stecken alle 3 Teile zusammen.

**03** Steppen Sie nun alle Teile aneinander. Dazu nähen Sie auf der rechten Seite des Oberstoffs jeweils 5 mm links und rechts von der Naht durch alle drei Lagen (Geradstich, Stichlänge 2,5). Dafür verwenden Sie den Reißverschluss-Nähfuß Ihrer Nähmaschine. Um am Reißverschlusskopf vorbeinähen zu können, müssen Sie ihn durch den Stoff tastend nach hinten schieben.

**04** Wenn der Reißverschluss eingenäht ist, können Sie die lockeren Nähte von Step 01 im Oberstoff und im Futter auftrennen. Dafür eignet sich ein Nahtauftrenner. Nun ist der Reißverschluss von beiden Seiten sichtbar. Das Mittelstück der Hüfttasche ist bereits geschafft.

**05** Legen Sie das Rückteil des Innenfutters (Schnittteil E) mit der rechten Seite nach oben vor sich. Legen Sie das fertige Mittelstück der Hüfttasche mit der Vorderseite nach oben zeigend bündig auf das Schnittteil E. Platzieren Sie dann die Seitenteile (Schnittteile B) an den Seiten des Mittelteils rechts auf rechts. Fixieren Sie alle drei Teile an beiden Seiten mit Stecknadeln und nähen Sie mit 1 cm Nahtzugabe die Seitenteile an das Mittelstück.

06 Legen Sie das Rückteil (Schnittteil A) mit der rechten Seite nach oben hin. Platzieren Sie darauf rechts auf rechts exakt das in Step 01 bis 05 genähte Vorderteil, stecken alles fest und und nähen mit 1 cm Nahtzugabe entlang der Außenkanten zusammen. Eine der schmalen Seiten lassen Sie offen. Durch diese Öffnung das Ganze wenden, dann die Öffnung mit einer knappkantigen Steppnaht oder einem Blindstich von rechts schließen. Anschließend die Hüfttasche bügeln.

07 Nun die Knopflöcher auf dem Stoff (▸ Schnittmuster) markieren und nach Anleitung, die Ihrer Nähmaschine beiliegt, in den Stoff nähen. Deren Größe richtet sich nach den ausgewählten Knöpfen. Nach dem Nähen die Knopflöcher öffnen (▸ Tipp, Seite 21). Auf der anderen Seite des Bauchgurtes nähen Sie die Knöpfe an. Dazu den Faden doppelt nehmen, am Ende verknoten und dann mehrmals durch die Löcher im Knopf und durch den Stoff stechen. Zwischen Stoff und Knopf ausstechen, den Faden einige Male um den Fadensteg wickeln, dann den Faden vernähen.

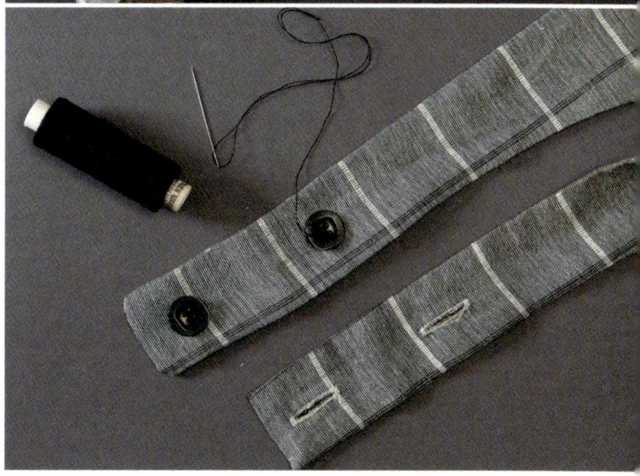

**TIPP**

**EINFACHERE ALTERNATIVE**

▸ Sind Ihnen die Schritte zu umfangreich, können Sie die Hüfttasche auch ohne Futter nähen. Lassen Sie die Futterschnittteile C[F], D[F] und E[F] weg und führen die jeweiligen Schritte ohne diese durch.

▸ Mit Druckknöpfen ersparen Sie sich das Nähen der Knopflöcher. Nähen Sie diese einfach per Hand an die gleichen Stellen wie die Knöpfe und Knopflöcher.

# SHOPPER

**MATERIAL**
Canvas in Mint als Obermaterial, 50 cm (140 cm Breite) | gemusterter Stoff als Futterstoff, 40 cm (140 cm Breite) | fester Stoff für Vordertasche, 36 x 44 cm | Lederriemen, 2 mm dick, 1,5 x 150 cm | Gürtelschnalle in Messing, 2 cm | 2 Karabinerhaken in Messing, à 2 cm | 8 Hohlnieten in Messing, Kopfdurchmesser 8 mm | mintfarbenes Nähgarn | Lochzange

**ZUSCHNITT** (Schnittmuster siehe App)

Alle Teile vom Schnittmuster auf die Stoffe übertragen und ausschneiden. Dann auch alle Markierungen auf die Stoffe übertragen. Außer den Seitenlaschen können Sie alle Teile mit einer Zickzack- oder Overlock-Naht versäubern. Dies ist aber nicht zwingend notwendig, da alle Schnittkanten innen liegen.

**01** Nähen Sie jeweils ein Rechteck des Obermaterials und des Futterstoffs rechts auf rechts mit 1 cm Nahtzugabe an der Oberkante zusammen. An der Markierung falten Sie nun Vorder- und Rückseite unten bündig und bügeln jeweils gerade entlang dieser Markierung, sodass der Taschensaum entsteht. Klappen Sie die Stoffteile dann wieder auseinander.

**02** Nun bereiten Sie die Schlaufen für die Seitenlaschen vor: Schlagen Sie die beiden Stoffteile jeweils von links und rechts bis zur Mitte ein, falten sie der Länge nach in der Mitte und bügeln dann die lange Seite und nähen knappkantig (Geradstich, Stichlänge 2,5).

**03** Für die Vordertasche falten Sie das Stoffteil in der Mitte, sodass die beiden schmaleren Kanten aufeinanderliegen. Stecken Sie die Stofflagen zusammen und bügeln dann die Falte.

**04** Legen Sie die Vorderseite des Shoppers mit dem angenähten Innenfutter mit der rechten Seite nach oben ausgebreitet vor sich. Legen Sie dann die Vordertasche bündig an der Unterkante an. Die beiden Seitenlaschen platzieren Sie jeweils an der Markierung (▸ Schnittmuster). Dann legen Sie die Rückseite mit der rechten Seite nach unten darauf. Alles exakt feststecken.

**05** Mit 1 cm Nahtzugabe nähen Sie Seiten und Böden zusammen (Geradstich, Stichlänge 2,5), dabei lassen Sie im Innenfutter eine Öffnung von ca. 10 cm. Wenden Sie den Shopper und schließen Sie die Öffnung im Innenfutter entweder mit einem Blindstich oder mit einer knappen Steppnaht von rechts. Am in Step 01 vorgebügelten Saum stülpen Sie das Innenfutter nach innen.

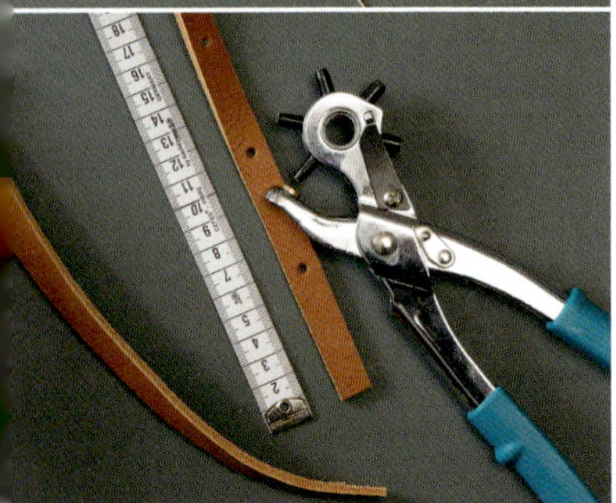

**06** Der Nähpart ist nun beendet, jetzt kommen nur noch die Henkel und die Schulterriemen aus Leder. Diese werden ausschließlich genietet. Zur Vorbereitung lochen Sie den längeren Riemen mit einer Lochzange im Abstand von 1 cm und 3 cm von der linken Seite und im Abstand von 6 cm, 11 cm und 16 cm von der rechten Seite (Lochdurchmesser 2 mm). Insgesamt hat der lange Riemen nun 5 Löcher. Den kürzeren Riemen lochen Sie links und rechts jeweils im Abstand von 1 cm und 3 cm von der Spitze (Lochgröße 2 mm).

**07** Die Enden der beiden kurzen Lederriemen (Henkel) und des langen Lederriemens mit den Löchern versäubern Sie nun. Dazu schneiden Sie die Enden mit einem Cutter spitz zu. Nutzen Sie eine Schneidematte (oder Ähnliches) als Arbeitsfläche, sodass der Untergrund durch das Schneiden nicht beschädigt wird. Alternativ zum Cutter können Sie auch eine scharfe Bastelschere verwenden.

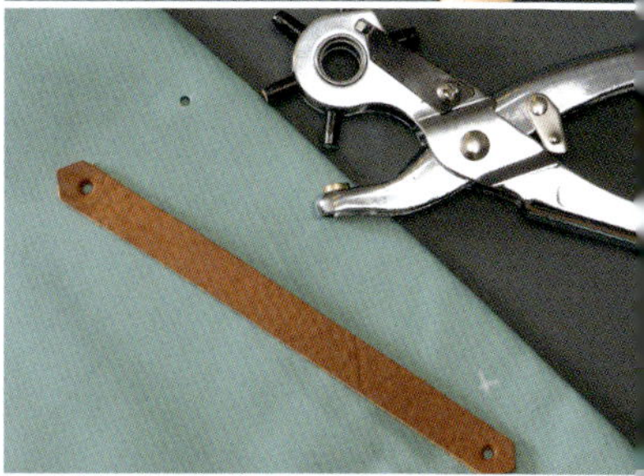

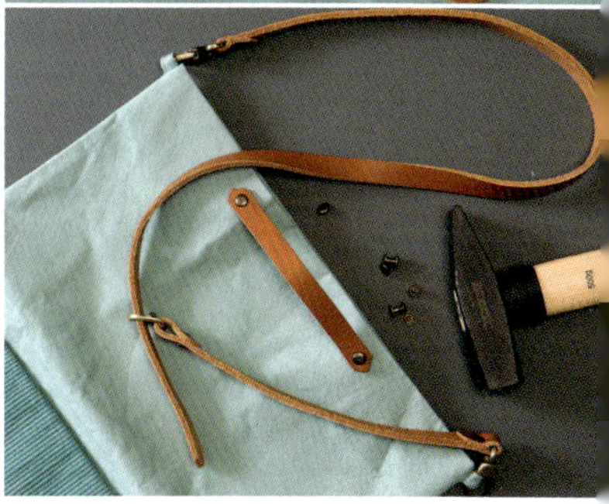

**08** Ziehen Sie die linke Seite des längeren Riemens durch einen der Taschen-Karabiner und vernieten das Riemenende, wie im Tipp rechts beschrieben. Das rechte Ende des kürzeren Riemens ziehen Sie durch den zweiten Taschen-Karabiner und vernieten ebenfalls das Riemenende. An der linken Seite des kürzeren Riemens vernieten Sie die Gürtelschnalle.

**09** Nun sind die Henkel dran: Dafür nehmen Sie die beiden kurzen Lederriemen. Lochen Sie die Riemen jeweils 1 cm vom Rand her an beiden Seiten. Die Tasche wird nun ebenfalls am oberen Rand 4-mal gelocht (Lochgröße 2 mm). Die genauen Positionen der Löcher entnehmen Sie bitte dem Schnittmuster. Dabei wird Ihnen auffallen, dass die Abstände zwischen den Löchern im Stoff und im Henkel nicht gleich sind. Das ist gewollt, denn so steht der Henkel etwas ab und lässt sich besser greifen.

**10** Positionieren Sie die Löcher der Henkel auf den Löchern der Tasche. Mithilfe der Nieten und einem Hammer verbinden Sie nun die Henkel mit der Tasche. Dann müssen Sie nur noch die Karabiner-Verschlüsse in die Seitenlaschen einhaken und die Schulterriemen mit der Schnalle verschließen. Und schon geht's auf zum Shoppen.

TIPP

**NIETEN – GEHÄMMERT UND GESCHRAUBT**

Nieten bestehen aus zwei Teilen. Hohlnieten werden mit dem Hammer aufeinandergeschlagen (fester Untergrund zwingend notwendig). Es erfordert etwas Übung, die Nieten fest zu verschließen und sie dabei nicht zu beschädigen. Schraubnieten lassen sich einfacher verarbeiten. Sie werden mit einem Schlitz-Schraubenzieher verschraubt.

# UMHÄNGETASCHE

**MATERIAL**
Canvasstoff in Creme, 20 cm (140 cm Breite) | Leder in Schokobraun, 1 mm dick | schokobraunes Nähgarn | 2 D-Ringe in Messing, 3 cm | Schiebeschnalle in Messing, 3 cm | Lederkleber | Backpapier

**ZUSCHNITT** (Schnittmuster siehe App)

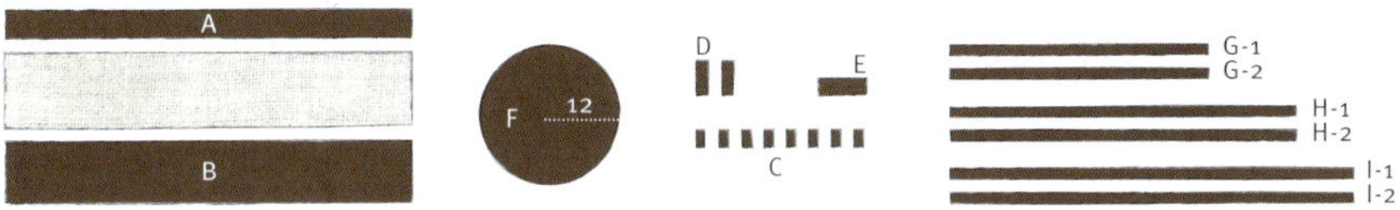


Alle Teile inkl. Markierungen vom Schnittmuster auf den Stoff und das Leder übertragen und ausschneiden. Das Stoffstück mit einer Zickzack- oder Overlock-Naht versäubern. Beim Auseinanderbügeln der Leder-Nahtzugaben legen Sie immer ein Stück Backpapier zwischen Leder und Bügeleisen, so wird die Lederoberfläche nicht beschädigt.

**01** Breiten Sie das Lederteil A vor sich aus (rechte Seite nach oben). Platzieren Sie die kleinen Lederflicken (C) hochkant auf dem Schnittteil A entlang der Oberkante und im regelmäßigen Abstand zueinander (genaue Position ▸ Schnittmuster). Jeden Flicken mit Lederkleber festkleben und 2 mm neben der Kante rundherum ansteppen (Geradstich, Stichlänge 3). Schneiden Sie mit dem Cutter vorsichtig senkrechte, 1,5 cm lange Schlitze in alle Lederflicken (C) ein, sodass Ösen für die Kordel entstehen.

**02** Nun nähen Sie das Lederstück A an die Oberkante des Stoffstückes und das Lederstück B an die Unterkante. Dazu legen Sie Leder und Stoff rechts auf rechts und nähen die Stücke mit 1 cm Nahtzugabe (Geradstich, Stichlänge 2,5) zusammen – Vernähen am Anfang und Ende nicht vergessen – und Nahtzugabe auseinanderbügeln (Backpapier!). An der Ober- und Unterkante des Stoffstückes nähen Sie von rechts jeweils eine sichtbare Steppnaht als Ziernaht 3 mm links und eine 3 mm rechts neben den unsichtbaren Nähten (Geradstich, Stichlänge 3,5).

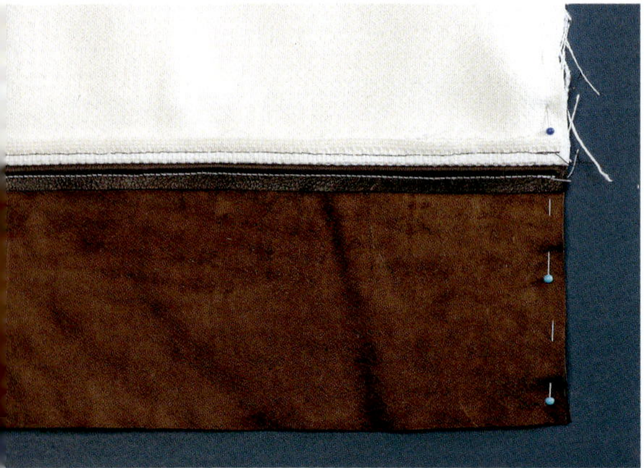

**03** Die beiden kürzeren Seiten des Leder-Stoff-Stücks exakt rechts auf rechts aufeinanderlegen und mit Stecknadeln fixieren. Die Stecknadeln müssen in der 1 cm breiten Nahtzugabe stecken, damit später keine Löcher an der Außenseite der Tasche zu sehen sind. Nähen Sie mit 1 cm Nahtzugabe die beiden Seiten zusammen (Geradstich, Stichlänge 2,5), bügeln die Nahtzugabe auseinander und wenden den Zylinder. Nun wieder eine Ziernaht nähen (▸ Step 02, Seite 45).

**04** Legen Sie nun die beiden Schnittteile D zur Schlaufe, führen jeweils einen D-Ring ein und kleben die Enden mit Lederkleber zusammen. Positionieren Sie die beiden Schlaufen an der Oberkante des Zylinders entsprechend den Markierungen im Schnittmuster und fixieren diese mit Lederkleber. Steppen Sie die Schlaufen mit einer rechteckigen Naht entlang der Kanten fest (Geradstich, Stichlänge 3).

**05** Stecken Sie das runde Schnittteil F rechts auf rechts an die Unterkante des Zylinders. Auch hier stecken die Stecknadeln in der 1 cm breiten Nahtzugabe. Nähen Sie mit 1 cm Nahtzugabe rundherum den Boden an den Zylinder (Geradstich, Stichlänge 2,5). Damit eine schöne Rundung entsteht, schneiden Sie kleine Dreiecke aus der Nahtzugabe aus.

**06** Kordel: Legen Sie die Schnitteile I-1 und I-2 im 90°-Winkel rechts auf rechts und steppen diagonal mit 1 cm Nahtzugabe (Geradstich, Stichlänge 2,5). Nahtzugabe auseinanderbügeln (Backpapier!). Nun das Lederband der Länge nach links auf links falten, die Kanten mit Lederkleber bündig aufeinanderkleben und knappkantig an der Kante absteppen (Geradstich, Stichlänge 3). Führen Sie die Kordel durch die Ösen – abwechselnd von innen nach außen und von außen nach innen.

**07** Um die Tasche zuziehen zu können, benötigen Sie einen Stopper für die Kordel. Tragen Sie auf der linken Seite des Schnittteils E an den Kanten der schmalen Seiten ca. 3 mm breit Lederkleber auf. Falten Sie beide Kanten zur Mitte und kleben zuerst die rechte Seite in der Mitte und dann die linke Kante auf der rechten Kante fest. Um das Ganze zu stabilisieren steppen Sie einmal in der Mitte über die drei Lederschichten (Geradstich, Stichlänge 3). Führen Sie die Kordelenden links und rechts ein und verknoten diese einzeln, sodass der Stopper nicht mehr herausfallen kann.

**08** Für den Schulterriemen nähen Sie die Schnittteile G-1 und H-1 sowie G-2 und H-2 wie in Step 06 beschrieben aneinander. Sie haben nun zwei ca. 130 cm lange Lederbänder. Kleben Sie beide links auf links bündig aufeinander, die schrägen Nähte liegen versetzt zueinander. Nähen Sie knappkantig entlang der beiden langen Kanten (Geradstich, Stichlänge 3). Falten Sie ein Ende über den Mittelsteg der Schiebeschnalle, kleben es fest und nähen es mit rechteckiger Naht an. Das andere Ende führen Sie durch einen der D-Ringe, danach durch beide Seiten der Schiebeschnalle und kleben und nähen es fest wie eben beschrieben.

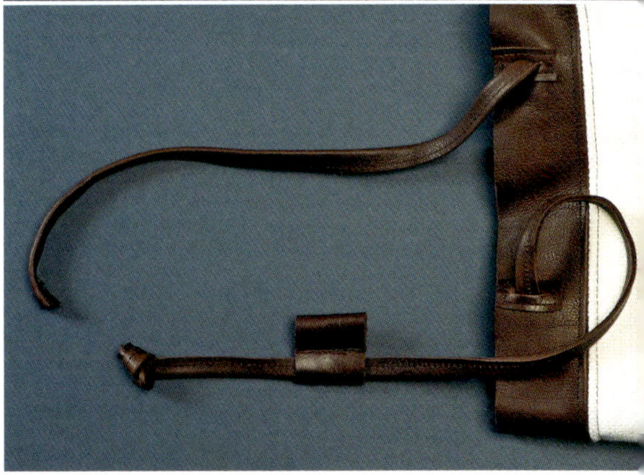

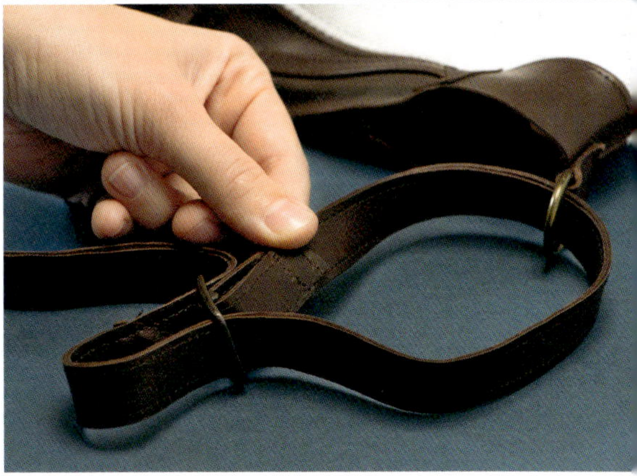

# WEEKENDER

**MATERIAL**
Fester Stoff in Dunkelgrau, 190 cm (140 cm Breite) | Futterstoff in Schwarz, 190 cm (140 cm Breite) | Leder in Schwarz, 45 x 75 cm | 2 Lederbänder in Natur (mit Längslochung für Gürtelschnalle), 130 x 2,8 cm | Lederband natur, 39 x 2,8 cm | 2 Gürtelschnallen in Silber, 3 cm | 4 Schraubnieten in Silber, Ø 10 mm | schwarzes Nähgarn | Lederkleber | Backpapier | PE-Schaumplatte, 5 mm dick, 50 x 21 cm (zum Verstärken des Bodens) | Lochzange

**ZUSCHNITT** (Schnittangabe siehe App)

Alle Teile inkl. Markierungen von der Schnittangabe auf den Stoff und das Leder übertragen und ausschneiden. Versäubern ist nicht nötig. Alle Nähte der Tasche mit Geradstich, Stichlänge 3 nähen.

**01** Schneiden Sie mit dem Cutter in jeden der sechs Lederflicken zwei Schlitze (▸ Schnittmuster). Platzieren Sie nach Schnittangabe vier Lederflicken auf dem Rückteil des Außenstoffs und zwei auf dem großen Lederzuschnitt. Die Lederflicken mit Lederkleber an den Kanten festkleben – die Schlitze liegen dabei horizontal – und knapp entlang der Kanten festnähen.

**02** Schlagen Sie die Oberkante des Lederzuschnittes für die Vordertasche 1 cm um, fixieren den Saum mit Lederkleber und nähen von links 7 mm neben dem Bruch der Länge nach. Nähen Sie ein Stück Backpapier als »Rutschhilfe« unter dem Leder mit ein (▸ Seite 7).

**03** Breiten Sie das Vorderteil des Außenstoffs vor sich aus (rechts nach oben). Legen Sie das Lederschnittteil an der Unterkante ausgerichtet darauf (rechts nach oben). Feststecken – aber nur in der 1 cm breiten Nahtzugabe. Die beiden Teile 0,5 cm neben der Kante zusammennähen. Zusätzlich unterteilen Sie die Vordertasche mit einer senkrechten Naht 30 cm von der rechten Kante aus.

**04** Legen Sie die Vorderseite des Außenstoffs und ein Futterschnittteil rechts auf rechts, stecken sie an der Oberkante fest und steppen sie mit 1 cm Nahtzugabe. Dann Futter und Außenstoff ausbreiten und die Nahtzugabe zum Futter bügeln. Das Futter nähen Sie knappkantig von rechts an die Nahtzugabe. Den Schritt für die Rückseite mit dem zweiten Stück Außenstoff und Futterstoff wiederholen.

**05** Breiten Sie Außenstoff und Futter des Vorderteils vor sich aus (rechte Seite nach oben) und legen Sie das Rückteil rechts auf rechts darauf, sodass Außenstoff auf Außenstoff und Futter auf Futter liegt. An der Bodennaht des Futters markieren Sie eine ca. 15 cm große Wendeöffnung. Ringsherum exakt aufeinanderstecken und mit 1 cm Nahtzugabe rundherum steppen. Am Anfang und Ende das Vernähen nicht vergessen!

**06** Damit ein Boden entsteht, an allen vier Seiten Boden- und Seitennaht aufeinanderlegen, von der Spitze aus 11 cm abmessen, mit Schneiderkreide markieren und abstecken. Achten Sie darauf, dass das Leder zusammen mit der Vorderseite festgesteckt wird. Dabei werden die Stecknadeln in der überstehenden Ecke gesteckt. Dann entlang der markierten Linie 3-mal vor- und zurücksteppen, um dem Boden mehr Stabilität zu verleihen. Stutzen Sie dann die Ecken 1 cm von der Naht entfernt.

**07** Die Tasche wenden und die Öffnung im Futter von rechts knappkantig steppen oder mit einem Blindstich zunähen. Bügeln Sie bei der Taschenöffnung das Futter von der Kante weg. Das Futter spickt dadurch nicht aus der Öffnung und ein akkurater Saum entsteht.

**08** Um den Taschenboden zu stabilisieren, nähen Sie einen zusätzlichen Einlegeboden. Dazu legen Sie die kleinen Futterstücke rechts auf rechts, stecken ab und steppen die langen Seiten und eine schmale Seite mit 1 cm Nahtzugabe. Wenden und die PE-Schaumstoffplatte einlegen. Die Öffnung von rechts knappkantig steppen oder mit einem Blindstich zunähen.

**09** Die langen Lederriemen jeweils 4 cm (Ø 3 mm) links und rechts neben der Längslochung lochen. Auf der anderen Seite 6 Löcher im Abstand von 2,5 cm ab Riemenende lochen. Bei der Längslochung die Gürtelschnalle einstecken und mit einer Schraubniete durch die gestanzten Löcher fixieren. Nun das andere Ende des Lederriemens von vorn nach hinten durch die Lederschlitze am Taschenboden und dann durch die Lederschlitze an der Rückseite der Tasche führen. Diesen Schritt mit dem zweiten Riemen wiederholen.

**10** Für den Henkel lochen Sie den kurzen Lederriemen an beiden Seiten jeweils 1 cm und 10 cm (Ø 3 mm) von der Kante entfernt. Klappen Sie die beiden Enden nach innen, sodass die Löcher aufeinanderliegen und zwei Schlaufen links und rechts entstehen. Bringen Sie durch die Löcher die Schraubnieten an. Dann führen Sie die langen Lederriemen durch die Schlaufen. Nun können Sie den Weekender vollpacken, die Schnallen schließen und zum Wochenend-Trip starten!

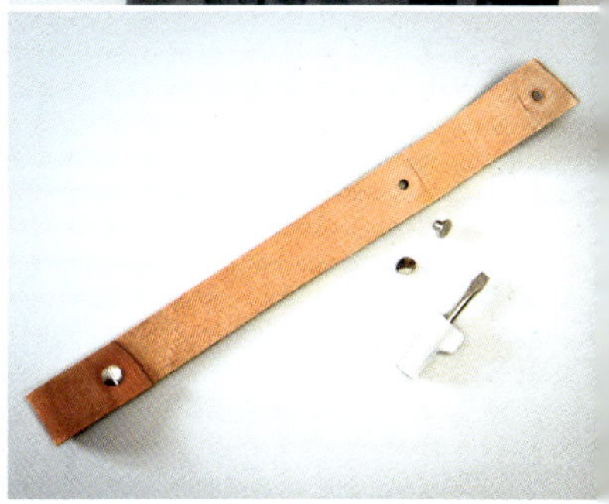

**TIPP**

**WISSENSWERT**

Ist das Leder zu dick zum Nieten, feilen Sie mit einer Werkzeug-Feile das Leder an der Innenseite um die Löcher herum etwas ab. Die Längslochung ist oft schon in Lederriemen eingestanzt. Fragen Sie ansonsten im Lederfachhandel nach. Sie können statt der beiden langen Lederriemen auch zwei Gürtel nehmen (mindestens 125 cm lang).

# YOGA-TASCHE

**MATERIAL**
Fester Stoff in Senfgelb, 60 cm (140 cm Breite) | Blumenstoff in Grau, 20 cm (140 cm Breite) | Reißverschluss aus Kunststoff, 67 cm | Reißverschluss aus Kunststoff, 17 cm | graues Gurtband 95 x 3 cm | schwarzes Nähgarn

**ZUSCHNITT** (Alle Maßangaben inkl. Nahtzugabe)

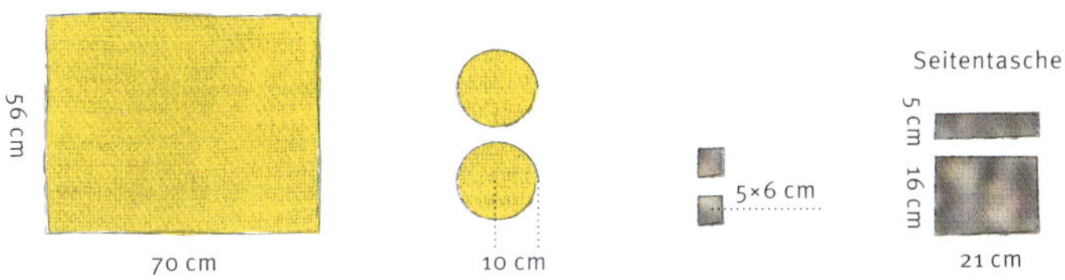


Übertragen Sie mithilfe eines großen Lineals oder Maßbandes die angegebenen Maße der Rechtecke auf die Stoffe und schneiden diese zu. Die runden Teile für die Seiten können Sie mit einem Zirkel auf den Stoff zeichnen. Alternativ können Sie ein Stück Schnur nehmen, das Sie im Mittelpunkt festhalten und an dessen Außenseite Sie für den Außenkreis eine Schneiderkreide festbinden. Alle Schnittteile mit einer Zickzack- oder Overlock-Naht versäubern.

**01** Sie starten mit der kleinen Seitentasche: Ober- und Unterteil legen Sie bündig an der Oberkante rechts auf rechts aufeinander. Markieren Sie die Punkte jeweils links und rechts 2 cm von den Außenkanten mit Stecknadeln. Nähen Sie mit 1 cm Nahtzugabe die beiden Teile an dieser Kante zusammen. Dabei nähen Sie vom Rand bis zur ersten Markierung mit Geradstich und Stichlänge 2,5, bis zur nächsten Markierung mit einem lockeren Geradstich (Stichlänge 5) und die letzten 2 cm bis zum Rand wieder mit normaler Stichlänge von 2,5. Vernähen Sie bei jedem Wechsel der Stichlänge. Anschließend bügeln Sie die Nahtzugabe auseinander.

**02** Breiten Sie die Seitentasche vor sich aus, die linke Seite zeigt nach oben. Den kleinen Reißverschluss legen Sie nun mit der Oberseite nach unten mittig auf den Bereich der lockeren Naht. Das Ganze stecken Sie von vorn fest.

**03** Dann nähen Sie auf der rechten Stoffseite links und rechts entlang des Reißverschlusses jeweils mit ca. 5 mm Abstand zur lockeren Naht. Vernähen am Anfang und Ende nicht vergessen! Nun können Sie die lockere Naht am besten mit dem Nahtauftrenner öffnen. Dadurch kommt der versteckte Reißverschluss zum Vorschein.

**04** Klappen Sie an allen vier Seiten der Seitentasche 1 cm Nahtzugabe um und bügeln den Saum. Platzieren Sie die kleine Seitentasche auf der rechten Seite des großen Rechtecks, und zwar 5 cm von der Oberkante und 5 cm von der linken Seitenkante entfernt, und stecken Sie die Tasche auf dem großen Rechteck fest. Knappkantig entlang der Seitentaschen-Kanten absteppen (Geradstich, Stichlänge 2,5).

**05** Für das Hauptfach der Yogatasche starten Sie mit dem Reißverschluss. Der lange Reißverschluss wird an beiden Enden mit den kleinen Stoffstücken aus Blumenstoff versehen. Dazu klappen Sie jeweils die linke und rechte Kante der Stoffstücke zur Mitte und falten sie dann in der Mitte. Dann bügeln Sie die Seitenteile, schieben sie über die Enden des Reißverschlusses, stecken sie fest und steppen (Geradstich, Stichlänge 2,5). Der Reißverschluss hat nun inkl. der Stoffenden eine Gesamtlänge von 67 cm.

**06** Nun platzieren Sie den Reißverschluss mittig an der Oberkante auf der rechten Seite des großen Rechtecks. Die Oberseite des Reißverschlusses zeigt dabei nach unten zum Stoff. Der Reißverschluss-Kopf befindet sich auf der linken Seite der Tasche, wie der Kopf des kleinen Reißverschlusses. Abstecken und mit 0,8 cm Nahtzugabe zusammennähen. Wiederholen Sie diesen Schritt mit der anderen Seite des Oberstoffs und des Reißverschlusses.

**07** Damit Sie die Tasche tragen können, befestigen Sie nun das Gurtband. Dazu legen Sie die Enden des Gurtbandes jeweils links und rechts auf Höhe vom Reißverschluss an der Kante auf der rechten Stoffseite bündig an, stecken sie fest und nähen mehrmals vor- und zurück mit 0,5 cm Nahtzugabe. So ist das Gurtband ordentlich eingenäht und kann belastet werden.

**08** Im letzten Schritt schließen Sie die Seiten der Tasche. Stecken Sie die runden Seitenteile rechts auf rechts an das Mittelteil. Beim Gurt legen Sie in den runden Stoffteilen zwei zueinander zeigende Falten (je 1 cm), um die überschüssige Weite auszugleichen. Nähen Sie dann mit 1 cm Nahtzugabe rundherum. Lassen Sie sich nicht davon irritieren, wenn die Stofflagen auf der Höhe des Gurtbandes etwas dicker sind – nähen Sie an dieser Stelle langsam und kontrolliert. Damit eine schöne Rundung entsteht, können Sie noch kleine Dreiecke in den Rand schneiden. Zum Abschluss die Tasche wenden. Namaste.

# RUCKSACK

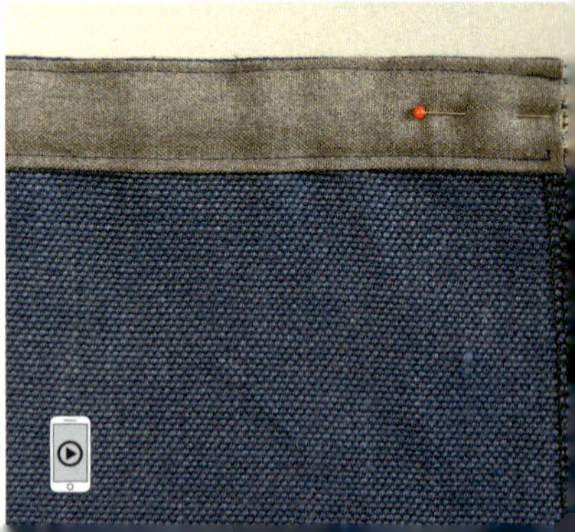

**MATERIAL**

Canvasstoff in Dunkelblau und grauer Futterstoff, jeweils 100 cm (140 cm Breite) | rotes Gurtband, 3 cm breit, 2-mal 100 cm, 1-mal 31 cm, 1-mal 23 cm | graues Zierband, 2 cm breit, 2-mal 18 cm, 1-mal 31 cm, 2-mal 45 cm | Bügelvlies Stärke H220, 60 cm (90 cm Breite) | Teppich-Stramin 43 x 20 cm | Tenax-Schnellverschluss mit großer Griffkappe | 2 Schiebeschnallen in Silber, 4 cm | dunkelblaues und graues Nähgarn | PE-Schaumplatte, 5 mm dick, 39 x 26 cm

**ZUSCHNITT** (Schnittmuster siehe App)

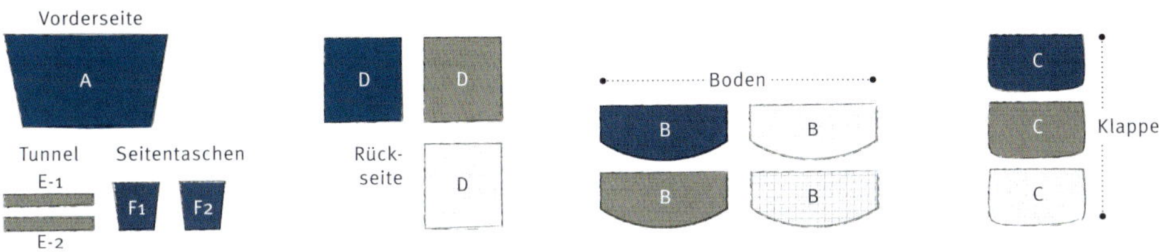


Alle Teile inkl. Markierungen vom Schnittmuster übertragen und ausschneiden. Die Schnittteile B, C und D aus dem Oberstoff mit Bügelvlies bekleben. Zum Versäubern aller Kanten eine Overlock-Maschine oder eine breite Zickzack-Naht (Stichlänge 2, Stichbreite 5) verwenden.

**01** Boden (Schnittteile B): Außenstoff und Futter links auf links legen, den Teppich-Stramin dazwischen. Alles stecken und rundherum versäubern.

**02** Die Oberkanten der Seitentaschen (F-1 und F-2, ▸ Schnittmuster) mit einem 1 cm breiten, doppelten Saum versehen (Geradstich, Stichlänge 3). Innenseite der Seitentaschen versäubern. Die versäuberten Kanten auf dem Vorderteil (A, ▸ Schnittmuster) positionieren. Diese rechts auf rechts feststecken und mit 1 cm Nahtzugabe steppen. Klappen Sie die Seitentaschen an der Naht um.

**03** Breiten Sie das Vorderteil rechts nach oben vor sich aus. Stecken Sie die offenen Seiten und den Boden der Seitentaschen an der Vorderseite (A) fest und versäubern Sie das komplette Schnittteil inkl. der Seitentaschen rundherum. Schlagen Sie die Oberkante der Vorderseite (A) 1 cm von rechts ein, bügeln Sie die Kante und steppen 0,5 cm neben dem Bruch (Geradstich, Stichlänge 3).

**04** Tunnelzug: Schnittteile E-1 und E-2 versäubern und jeweils an einem kurzen Ende mit einem einfachen, 1 cm breiten Saum versehen. Schlagen Sie 1 cm breite Säume, jeweils entlang der beiden langen Seiten, ein und bügeln Sie am Bruch entlang. Die Tunnelschnittteile auf dem Vorderteil (A, ▸ Schnittmuster) platzieren. Abstecken und an der Ober- und Unterkante des Tunnels (E-1 und E-2) festnähen. In die Tunnel von der Mitte aus jeweils eines der 45 cm langen, grauen Zierbänder einfädeln (0,5 cm stehen links und rechts ab). Die Öffnungen links und rechts mit einer senkrechten Naht schließen und die überstehenden Bandstücke abschneiden.

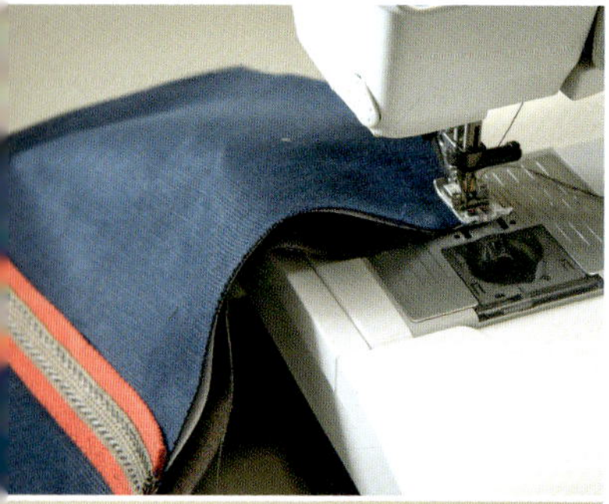

**05** Legen Sie das 31 cm lange graue Band mittig auf den 31 cm langen Gurt, stecken beide Teile senkrecht auf den Außenstoff der Klappe (C, Position ▸ Schnittmuster). Steppen Sie links und rechts am grauen Band entlang (Geradstich, Stichlänge 3). Legen Sie Futter und Außenstoff der Schnittteile C rechts auf rechts, stecken fest und steppen nur an der Rundung mit 1 cm Nahtzugabe (Geradstich, Stichlänge 2,5). Wenden und entlang der Kanten bügeln. An der gleichen Rundung nähen Sie von rechts eine sichtbare Steppnaht (Geradstich, Stichlänge 3).

**06** Platzieren Sie die 1 m langen Gurte (Träger) und den 23 cm langen Gurt (Henkel) an den angegebenen Positionen auf der rechten Seite am Rückenteil (D) des Außenstoffs und stecken sie fest. Nähen Sie mit 0,5 cm Nahtzugabe die Gurte an den Außenstoff, vernähen Sie dabei jeweils zwei Mal hin und zurück für eine bessere Stabilität.

**07** Legen Sie nun vor sich: Futter (D, rechte Seite nach oben), Klappe (C, Futter nach unten) mit der langen Öffnung an der Oberkante und Außenstoff Rückenteil (D) inkl. Gurte (rechte Seite nach unten). Dabei liegen die Oberkanten der Schnittteile D bündig und die Oberkante der Klappe (C) 2 cm weiter nach außen versetzt. Abstecken und alle Teile mit einer Naht zusammennähen (Geradstich, Stichlänge 2,5), an den Positionen der Gurte zwei Mal vernähen (vorwärts- und zurücknähen).

**08** Klappen Sie das Futter Rückenteil (D) auf das Außenstoff Rückenteil (D) links auf links und bügeln Sie die Naht von außen von der Klappe weg. Auf dem Außenstoff nähen Sie zusätzlich zwei sichtbare Steppnähte, 3 mm und 1,5 cm neben der unsichtbaren Naht bzw. Kante, sodass der Rucksack mehr Stabilität erhält (Geradstich, Stichlänge 3).

**09** Die 18 cm langen Zierbänder jeweils doppelt nehmen, die Enden an der Unterkante des Außenstoff Rückenteils (D, rechte Seite, ► Schnittmuster) positionieren, feststecken und annähen (Geradstich, Stichlänge 2,5). Außenstoff Rückenteil (D, inkl. der Bänderschlaufen) und Futter Rückenteil (D) links auf links legen. Für mehr Stabilität die PE-Platte zwischen die beiden Stofflagen legen. Die Schnittteile stecken. Alle Teile zusammen an Seiten und Boden versäubern .

**10** Nähen Sie die Seiten von Rückteil (D) an die Seiten von Schnittteil A rechts auf rechts mit 1 cm Nahtzugabe (Geradstich, Stichlänge 2,5). Nun haben Sie den »Körper« des Rucksacks. Den Boden (B) stecken Sie rechts auf rechts an die Unterkante des Körpers und steppen mit 1 cm Nahtzugabe (Geradstich, Stichlänge 2,5). Lassen Sie sich von den vielen Stofflagen nicht irritieren und nähen Sie diese Naht ein zweites Mal, wieder zur Unterstützung der Stabilität.

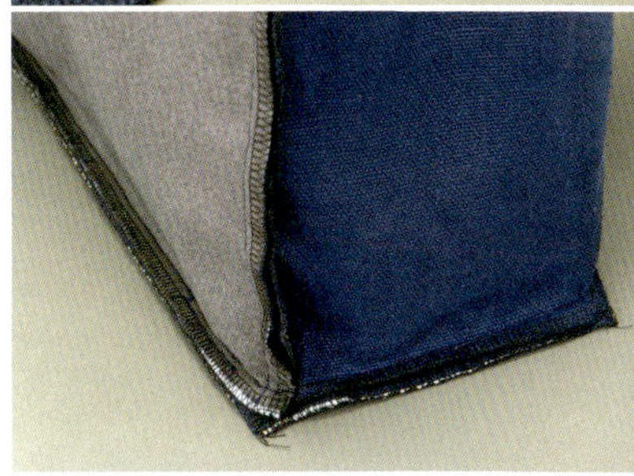

**11** Für die Träger nehmen Sie das offene Ende und führen es von hinten nach vorn durch die Schiebeschnalle und auf der anderen Seite von vorn nach hinten. Ziehen Sie die Schiebeschnalle ein Stück hoch, sodass Sie das Gurtende nun durch die untere Band-Schlaufe von unten nach oben führen können. Legen Sie eine Schlaufe mit dem Gurtende über den Mittelsteg der Schiebeschnalle und nähen das Gurtende mit zwei engen Zickzack-Nähten an den Gurt (Stichlänge 1, Stichbreite 5). Wiederholen Sie diesen Schritt für den zweiten Träger.

**12** Zu guter Letzt schneiden Sie vorsichtig mit spitzer Schere an der Klappe und an der Vorderseite des Rucksacks an den im Schnittmuster angegebenen Positionen ein Loch (Ø etwa 5 mm). Stecken Sie den oberen Teil des Tenax-Verschlusses in das Loch in der Klappe und den unteren Teil in das Loch auf der Rucksack-Vorderseite. Gerne können Sie hier auch einen anderen Verschluss verwenden. Eine Auswahl an Taschen-Verschlüssen finden Sie auf Seite 10. Nun eine Brotzeit eingepackt und auf geht's zum Wandern!

# REGISTER

Die **halbfett** gesetzten Seitenzahlen verweisen auf Abbildungen, UK = Umschlagklappe.

# DIE PROJEKTE IM ÜBERBLICK

| PROJEKT | SEITE | GRÖSSE | ZWECK/VERWENDUNG | SCHWIERIGKEIT |
|---|---|---|---|---|
| Beuteltasche | 22 | 52 x 42 cm | Die praktische Tasche für Strand, Picknick oder einfach für einen großen Einkauf. | * |
| Clutch | 16 | 30 x 18 cm | Sie müssen nicht unbedingt Leder verwenden. Es geht auch ausschließlich mit festem Stoff. | * |
| Handy-/Tablet-Tasche | 24 | Berechnung der Größe: | Höhe A = Höhe des Geräts + Tiefe des Geräts + 1 cm<br>Breite B = Breite des Geräts + Tiefe des Geräts + 1 cm<br>Länge C = (Höhe des Geräts – 1 cm) x 8<br>Länge D = (Höhe des Geräts – 1 cm) x 2 | * |
| Hüfttasche | 36 | 95–107 x 14 cm | Dies ist ein tolles Geschenk auch für den Mann. | ** |
| Kulturbeutel/ klein, groß | 28 | 20 x 15 cm<br>35 x 25 cm | Sie können Step 04 auch weglassen, dann hat die Tasche keinen Boden. Das Prinzip der Tasche können Sie ganz einfach auch auf andere Taschen anwenden, z. B. Laptop, Mäppchen oder kleine Geldbörsen. | * |
| Näh-Utensilo | 34 | 52 x 43 cm | Hierfür können Sie auch Ihre schönen Stoffreste verbrauchen. | * |
| Pochette-Tasche | 26 | 30 x 19 cm | Da nur kleine Stoffstücke benötigt werden, eignen sich Stoffmuster bzw. Stofflaschen. Fragen Sie im Möbelhaus oder Einrichtungsgeschäft nach. | ** |
| Rucksack | 56 | 45 x 35 cm | Passend für Unterlagen, aber auch praktisch für einen Ausflug oder zum Fahrradfahren. | *** |
| Shopper | 40 | 33 x 40 cm | Die Schulterriemen können Sie auch fertig mit Karabinerhaken kaufen. | ** |
| Turnbeutel | 18 | 35 x 45 cm | Mit gedeckteren Farben ist der Turnbeutel schlichter. Er eignet sich auch wunderbar als Wäschebeutel für die Reise. | ** |
| Umhänge-tasche | 44 | 22 x 24 cm | Tasche für den täglichen Gebrauch. Man kann sie auch gut als Fototasche nutzen, da z. B. eine Spiegelreflexkamera problemlos hineinpasst. | *** |
| Wäschesack | 32 | 47 x 53 cm | Nicht nur für Schmutzwäsche. Eignet sich auch zum Aufbewahren von Decken etc. im Wohnzimmer. So kann jeder Gast das Schmuckstück bewundern. | ** |
| Weekender | 48 | 35 x 70 cm | Männer freuen sich sicherlich auch über diese Tasche. | *** |
| Yogatasche | 52 | 70 x 17 cm | Die Breite kann reduziert werden, so entsteht eine praktische Tasche für den Alltag oder für andere Sportaktivitäten. | *** |
| XXL-Beutel | 14 | 38 x 48 cm | Wer es fortgeschrittener möchte, kann auch Leder oder Kunstleder dafür verwenden. | * |

# SERVICE

## TIPPS UND TRICKS

### IM INTERNET

**www.blog.etsy.com/de**
Tutorials und Events rund um DIY

**www.schnittchen.com**
Schöne Schnittmuster, teilweise mit Foto- oder Videoanleitung

**www.mylittlefabric.com**
DIY-Blog auf Französisch und Englisch

**www.sewoverit.co.uk/**
Londoner Nähcafè mit Nähblog und Online-Shop

**www.supercraftlab.de**
Saisonal und liebevoll erstellte DIY-Kits zum Bestellen inkl. Blog

**www.flcty.com**
Schöner Nähblog mit Anleitungen

### BÜCHER, DIE WEITERHELFEN

**Müller, Andrea:** Nähen. So einfach geht's. Gräfe und Unzer Verlag, München

**Schiele & Schön:** Praxiswörterbuch Textil und Mode: Englisch–Deutsch–Französisch–Italienisch. Langenscheidt Verlag, München

### ZEITSCHRIFTEN

CUT-Magazine
**www.cut-magazine.com**

Mollie Makes
**www.shop.oz-verlag.de/mollie-makes/**

Handmade Kultur
**www.handmadekultur.de**

## TREFFPUNKTE

### INTERNETFOREN

**www.handmadekultur.de**
Handmade Kultur ist auch eine Internet Community. Dort finden Sie alles rund ums Selbermachen.

## BEZUGSADRESSEN

**louloute | Laden & Nähatlier**
Kleine Auswahl an Stoffen und Nähzubehör inkl. Nähtipps,
Gollierstr. 33, 80339 München
**www.louloute.de**

**Dawanda**
Online-Portal für Material und Accessoires
**www.dawanda.com/material**

**Radspieler**
Große Auswahl an robusten Einrichtungsstoffen, Meterware,
Hackenstraße 7, 80331 München
**www.radspieler.com**

**Leder Baumann** (mit Online-Shop)
Nieten und Zubehör für Leder, Lederriemen, Herzog-Wilhelm-Straße 27, 80331 München
**www.leder-baumann.de**

**Leder Hofmann**
Lagerverkauf für Leder mit tollen Lederresten, Elvirastraße 25, 80636 München
**www.leder-hofmann.de**

**Stoff & Stil** (mit Online-Shop)
Läden in Berlin, Lübeck und Hamburg
**www.stoffundstil.de**

**Christian Fischbacher**
Hochwertige Einrichtungsstoffe
**www.fischbacher.com**

**Maybachufer Markt Berlin**
Große Auswahl an günstigen Stoffen jeden Dienstag, Freitag und Samstag
**www.wochenmarkt-deutschland.de/maerkte/berlin/maybachufer**

# IMPRESSUM



## BILDNACHWEIS

Alle Fotos in diesem Buch stammen von **Jochen Arndt**, mit Ausnahme von:
Hintergrundbilder: **Petra Ender; Shutterstock**

Alle Illustrationen stammen von **Matias Kovacic** (7mp.de)

## DER FOTOGRAF

Jochen Arndt arbeitet seit vielen Jahren weltweit als Fotograf für internationale Kunden und Verlage. Wenn er nicht auf Reisen ist, verbringt er seine Freizeit gerne mit Kochen und mit seinem Hund. Infos unter www.jochenarndt.com

Dank für die Unterstützung der Fotoproduktion an:
www.mo-company-fashion.de

**Projektleitung:** Maria Hellstern

**Lektorat:** Angelika Lang

**Konzeption und Umsetzung der Foto- und Videoproduktion:**
Natascha Klebl

**Bildredaktion:** Petra Ender

**Kreative Beratung:**
Justyna Dembowski

**Umschlaggestaltung und Layout:**
independent Medien-Design, Horst Moser, München

**Herstellung:** Petra Roth

**Satz:** Longo AG, Bozen

**Reproduktion:** Longo AG, Bozen

**Druck und Bindung:**
Schreckhase, Spangenberg

**Syndication:**
www.jalag-syndication.de

**Umwelthinweis:**
Dieses Buch ist auf PEFC-zertifiziertem Papier aus nachhaltiger Waldwirtschaft gedruckt.

ISBN 978-3-8338-4415-7
1. Auflage 2015

Printed in Germany

QUALITÄTS G|U GARANTIE

**Liebe Leserin, lieber Leser,**

haben wir Ihre Erwartungen erfüllt? Sind Sie mit diesem Buch zufrieden? Haben Sie weitere Fragen zu diesem Thema? Wir freuen uns auf Ihre Rückmeldung, auf Lob, Kritik und Anregungen, damit wir für Sie immer besser werden können.

**GRÄFE UND UNZER Verlag**
Leserservice
Postfach 86 03 13
81630 München
E-Mail:
leserservice@graefe-und-unzer.de

Telefon: 00800 / 72 37 33 33*
Telefax: 00800 / 50 12 05 44*
Mo–Do: 8.00–18.00 Uhr
Fr: 8.00–16.00 Uhr
*(* gebührenfrei in D, A, CH)*

Ihr GRÄFE UND UNZER Verlag
*Der erste Ratgeberverlag – seit 1722.*

www.facebook.com/gu.verlag

GRÄFE UND UNZER

*Ein Unternehmen der*
GANSKE VERLAGSGRUPPE